나는
삼성보다
내 인생이
더 좋다!

나는
삼성보다
내 인생이
더 좋다

서른한 살 젊은 청년 우재오의 좌충우돌 인생 도전기

초판 1쇄 발행 | 2007년 11월 23일
초판 3쇄 발행 | 2008년 1월 10일

지은이 | 우재오
펴낸이 | 김선식
펴낸곳 | 다산북스
출판등록 | 2005년 12월 23일 제313-2005-00277호

PM | 신현숙
기획편집1본부 | 최소영, 임영묵, 김상영, 신혜진, 박경순, 김계옥, 정지영, 김다우, 선우지운
기획편집2본부 | 유경미, 박혜진, 이선아, 조경인
마케팅본부 | 유민우, 곽유찬, 이도은, 민혜영, 신현숙, 박고운
커뮤니케이션팀 | 우재오, 서선행, 한보라, 강선애
저작권팀 | 이정순
디자인팀 | 김희림, 손지영, 이동재
경영지원팀 | 방영배, 허미희, 김미현, 이경진, 고지훈
외부스태프 | 표지디자인 투에스, 본문디자인 류승인

주소 | 서울시 마포구 염리동 161-7번지 한청빌딩 6층
전화 | 02-702-1724(기획편집) 02-703-1723(마케팅) 02-704-1724(경영지원)
팩스 | 02-703-2219
e-mail | dasanbooks@hanmail.net
홈페이지 | www.dasanbooks.com
필름 출력 | 엔터
종이 | 신승지류유통
인쇄 제본 | 주식회사 현문

값 | 10,000원
ISBN | 978-89-92555-59-3 03320

나는
삼성보다
내 인생이
더 좋다!

서른한 살 젊은 청년 우재오의
좌충우돌 인생 도전기

● ● ● ● ● ●

| 우재오 지음 |

다산북스

누군가의 잠자고 있는 열정을
흔들어 깨울 수 있다면

'나는 삼성보다 내 인생이 더 좋다' 라는 제목이 확정된 뒤 제일모직을 함께 다니던 친구 녀석에게 제목에 대한 의견을 묻자 그 친구가 웃으면서 되물었다.

"제목은 죽이네. 맘에 아주 팍 와 닿아. 근데 이거 삼성에서 가만히 있겠어? 책도 못 내보고 사장되는 것 아냐?"

그렇게 웃으며 대화를 마무리한 기억이 떠오른다. 그러나 사실 '삼성보다 내 인생이 더 좋다' 는 건 너무나 당연한 말이다. 누구에게나 자기 인생이 가장 소중한 것이니까. 하지만 그렇게 당연함에도 불구하고 주변의 수많은 샐러리맨 친구들은 그 말에 '완전공감' 하며 열광적인 반응을 보였다. 왜 그랬을까?

지난 2003년부터 2006년까지, 삼성에서의 3년이란 시간은 지금의 나를 있게 만들어준 참으로 값진 시간이었다. 넥타이 하나 제대로 못 매던 내게 넥타이 매는 법과 같은 비즈니스 매너부터 시작해서 조직생활을 하는 방법, 업무를 정확하고 치밀하게 처리하는 사무능력, 논리적으로 생각하고 판단하는 사고의 영역까지 사회생활에 필요한 많은 것들을 가르쳐주었다. 삼성은 내가 다녔던 그 어떤 학교보다도 우수한 학교였다.

하지만, 그럼에도 불구하고 삼성을 나올 수밖에 없었던 이유가 내게는 분명히 있었다.

이제 내 대학 동기들이나 제일모직 동기들도 회사에서는 대리 직급에 직장생활 5년차에 접어들었고, 많이 버는 친구들은 연봉을 5000만 원 이상 버는 친구들도 있다. 그런데 동기들과 술자리에서 이야기를 해보면 속칭 죽는소리가 모두 동일하다. 불평도 유사하고 고민도 유사하다. 그리고 그 고민의 근본에는 우리가 아는 그런 현실적인 문제가 아닌 자신의 인생과 꿈에 대한 고민이 있었다.

캐나다에서 돌아온 후 난 그런 고민을 토로하는 친구들에게 항상 이렇게 얘기한다.

"정말 좋은 옷이 뭔지 알아? 샤넬이나 휴고보스, 아르마니 같은 명품 옷? 당연히 좋지. 하지만 그게 아무리 비싸고 남들이 갖고 싶어 하는 옷이라 해도 내 몸에 불편하고 어울리지 않으면 아무 소용 없어. 누가 뭐라 해도 가장 좋은 옷은 내 몸에 꼭 맞는 옷이야."

지난 3년 동안 삼성은 내게 그런 옷이었다. 나의 부모님이 무척이

나 좋아하셨고, 주위 사람들도 부러워했지만, 나에겐 불편하고 어울리지 않았던. 하지만 난 그 옷을 금방 벗어버리지 못하고 한참 동안이나 입고 있었다. 내가 가진 그 작은 기득권을 쉽게 버리기가 힘들었던 것이다.

아마 수많은 샐러리맨들도 이런 고민을 할 것이다. 남들이 좋다 하는 옷, 그 옷이 자신에게도 좋다고 믿고 싶지만 실제로는 그렇지 않다는 것. 하지만 더 큰 고뇌는 설사 그 옷이 자신에게 잘 맞지 않는다는 것을 안다 하더라도, 그 옷을 벗어버리기가 쉽지 않다는 사실이다. 정말 어려운 일이다. 나 역시도 남들이 좋다는 그 옷을 벗어 내려놓는 데 많은 고민과 갈등을 했으니까.

난 대학시절부터 유별날 정도로 내가 어찌 살아야 잘 사는 것인지 많은 고민을 해왔다. 영화를 하겠다고 방학을 통째로 영화 현장에서 보내기도 했고, 엔터테인먼트 산업의 일꾼이 되겠다고 학교에 엔터테인먼트 동아리를 만들기도 했다. 제일모직을 다니던 시절에는 동기들에게 "우리 회장님은 10년 후에 우리 회사가 무엇으로 먹고살아야 할지를 생각하면 등에서 땀이 식지 않는다 하시는데, 나는 10년 후 내가 무엇으로 살아가야 할지를 생각하면 등에서 땀이 식지 않는다"며 동기들을 선동하는 데 앞장서곤 했다. 나는 정말 내 인생을 위해 많이 고민하고, 그것을 실천하기 위해 노력했다. 그런 내 모습을 지켜봐온 친구들이 요즘 묻는다. 잘되고 있냐고.

지난 나의 이야기를 책으로 쓴다 했을 때 많은 사람들이 걱정했다. 이유는 간단했다. 성공 스토리를 담은 수많은 책들과 비교했을 때 너의 이야기는 그저 너의 꿈을 실행하려는 진행형 이야기에 불과하지 않느냐고. 더욱이 지난 한 해 캐나다에서 벌인 너의 도전은 결과적으로 뜻한 바를 이루는 데 실패한 이야기가 아니냐고. 그런 이야기를 누가 사서 보겠으며 무슨 의미가 있겠냐고.

물론 그럴 수도 있다. 난 내가 그렇게 바라던 영화 제작자도 되지 못했고, 또 신입사원 때 당당히 이야기했던 제일모직의 마이더스 손 패션 MD도 중도에 포기했다. 캐나다에서 문화카페를 만들겠다는 첫 번째 도전도, 차별화된 어학원을 만들어 내 꿈의 전초기지로 삼겠다는 목표도 성공하지 못했다. 목표한 바에 대한 성공이냐 실패냐의 관점에서 본다면 나의 이야기는 가치가 없고 얻을 것도 없다.

하지만 난 결코 지금까지의 내 인생이 실패한 인생이라 생각지 않는다. 그간의 치열한 고민과 노력과 열정이 있었기에 지금의 내가 있기 때문이다. 아울러 지금의 내가 어제보다는 분명히 성장해 있고, 지금 이 순간에도 나는 밝은 미래를 꿈꾸고 있다.

나의 동기들이나 선후배들이 직장생활에 대해 고민을 토로하는 내용이나, 내가 고민했던 내용이나 궁극적으로는 다르지 않다. 단 그들과 내가 다른 점이 있다면, 나는 행동하고 그들은 여전히 고민만 하고 있다는 사실이다.

내가 이야기하고 싶은 건 그리 대단한 것이 아니다. 아니, 대단한 것을 줄 수도 없다. 나 역시 하루하루 세상과 부딪치고 배워야 할 나약한 인간에 불과하기 때문이다. 하지만 내가 내 인생의 가치를 찾기 위해 실행하고 도전하는 모습이 아직 시도하지 못한 사람들에게, 하나의 선례가 될 수 있다면 그들의 선택이 조금은 쉬워지지 않을까 하는 마음으로 용기를 내었다.

"난 너랑 술을 마시면 잠자고 있던 내면의 나를 다시 깨우게 돼."

어느 선배가 내게 해준 말처럼, 나의 고민과 이야기가 누군가의 잠자고 있는 꿈과 열정을 흔들어 깨울 수 있다면, 그런 자극제가 될 수 있다면 좋겠다.

우재오

*

나는
삼성보다
내 인생이
더 좋다

!

차례

운명의 장난

*

1

"재오야, 제일모직에 원서 한번 내볼래? 삼성 모태기업인 거 알지? 패션 쪽이니 재미도 있을 것 같고, 대기업이니까 밥벌이도 괜찮을 거고."

도서관에 책 던져놓고 나와 밖에서 담배를 물고 있는데 친구 녀석이 입사지원서 하나를 내밀었다.

'제일모직……?'

누가 들으면 재수 없다 할지 모르겠지만, 나는 사실 별로 내키지 않았다. 그렇다고 내가 소위 말하는 스펙이 짱짱했던 건 아니었다. 학력으로 보나 지금까지 살아온 경험으로 보나 그냥 남들 사이에서 처지지 않는 정도? 아, 지금 생각해보니 내가 일 벌이는 것 하나는 좀 잘했던 것 같다. 어렸을 때부터 왜 그런 학생 있잖은가. 공부는 못해도 아이들 잘 몰고 다녀서 반장하고, 반 아이들이랑 사고 치고 다녀서 선생님들의 골칫거리였던.

어쨌든, 그랬던 나에게도 나름 꿈이 있었으니, 바로 대한민국 최고의 엔터테인먼트 회사를 만드는 것이었다. 당시엔 영화가 그 꿈을 이룰 수 있는 방법이라 생각했다. 그래서 마음 맞는 동기, 후배들 몇몇을 모아 엔터테인먼트 동아리도 만들었고, 방학이면 영화사에서 무보수 아르바이트도 했다. 그리고 졸업 후 나의 진로도 당연히 영화판으로 뛰어드는 것이었다.

그런데 뜬금없이 대기업 입사원서라니.

"안 돼, 난 영화 할 거야. 내가 뭐 하러 그런 데 이력서를 내냐?"

"야, 붙을까 봐 걱정이냐? 지원하고도 태반은 떨어져. 그냥 경험 삼아 한번 해보라는 거지. 자식, 쓸데없는 걱정은!"

친구 녀석의 말에 정신이 번쩍 들었다.

'하긴…… 그렇지. 내가 너무 오버했나?'

그리고 나 역시 경험 삼아 한번 해보자는 생각으로 친구 따라 내 인생의 첫 번째 이력서를 썼다. 물론 될 거란 생각은 하지도 않았고, 혹시라도 서류전형에 통과한다면 그때 가서 생각해보자는 마음이었던 것 같다.

그런데 이게 무슨 운명의 장난인지 나는 1차 합격, 2차 합격, 그리고 최종 면접까지 합격해버렸다. 남들은 이제 취업 고민을 시작할 4학년 1학기에 나는 그만 취업이 확정된 것이다. 그것도 첫 번째 입사지원으로 남들 그렇게 가고 싶어 하는 대한민국 최고 기업 삼성 계열사에.

당시 영화 하겠다던 아들 걱정에 고민 거둘 날 없었던 아버지 두 눈에 기쁨의 눈물이 반짝이던 모습을 지금도 잊을 수가 없다. 가족들과 저녁 식사를 하던 중에 합격 통보를 받았는데, 아버지께서 식사하시다 얼마나 좋아하시던지. 우리 가족뿐만 아니라 주변에서도 경사였다.

하지만 나는 예상치 못한 합격 통보로 당황스러웠고, 생각지도 않았던 고민을 하게 됐다. 내가 하고 싶은 일과 내 앞에 온 기회, 둘 중 어느 쪽을 선택할 것인가?

영화판이 힘들고 배고프고 미래가 불확실하다는 것쯤은 누구나 아는 사실이다. 주위의 걱정 어린 시선과 나의 꿈 사이에서 힘들어 하고 있던 그때, 누가 봐도 달콤한 대안이 생기니 어찌 고민하지 않을 수 있었겠는가.

그러나 나는 곧 스스로를 합리화했다.

'그래, 어차피 내가 영화를 선택한 이유도 문화산업이라는 큰 범주 안에서 무형의 사고를 형상화시키고, 그 안에서 의미와 가치를 만들어 사람들에게 행복을 안겨주기 위한 것이었다. 넓게 보면 패션도 같은 일이지 않은가. 문화산업의 하나고, 새로운 스타일, 새로운 가치를 만들어 사람들에게 만족과 행복을 주는 것. 그래, 패션이 내가 가고자 하는 목표의 다른 길이 될 수도 있다. 게다가 이런 일을 하면서 경제적으로도 자유로워질 수 있다면 더 나은 대안이 되지 않겠는가.'

그렇게 생각하고 나니 마음이 편해졌다. 부모님과 싸울 일도 없고 내 스스로도 행복해질 수 있을 것 같았다. 대학시절 몇 년 간 "내 진로의 시작은 영화다"라고 큰소리쳤던 나는 그렇게 현실과 타협하고 있었다.

나의 열정과 꿈을 사랑했던 친구들은 "우재오가 변했다"며 날 비난하기도 했다. 하지만 나는 떳떳했다. 이미 내가 스스로를 완벽하게 설득시키고 합리화해버렸기 때문이었다.

 신입사원 연수

2003년 2월 23일, 새벽 다섯 시에 눈을 떴다. 드디어 신입사원 연수를 떠나는 날. 아침잠이 많은 터라 늦잠 자지 않으려고 밤새 신경을 곤두세운 탓에 잠을 설쳤다. 벌겋게 충혈된 눈, 그러나 약간은 설레는 마음으로 집을 나섰다.

입사 후 전 삼성 계열사의 신입사원들은 모두 연수원에서 40일간 교육을 받는다. 신입사원 교육을 40일이나 할 만큼 그렇게 배울 게 많은 것일까? 약간 삐딱한 성향을 가진 나는 삼성이 그 긴 기간 동안 제각각인 신입사원들을 철저하게 하나의 삼성인으로 세뇌시킬 것이라 생각했다. 그리고 나는 거기에 동화되지 않으리라는 약간의 방어 의식도 갖고 있었다. 하지만 나의 이런 생각은 연수가 시작되고 며칠 만에 흔적도 없이 사라졌다.

나와 함께 입사한 동기들은 모두 대단했다. 절반 이상이 소위 말하는 SKY 출신들이었다. 흔히 공부 열심히 해서 좋은 학교 간 아이들은 공부 말고는 특별히 잘하는 게 없을 거라고 생각한다. 아니, 그렇게 생각하고 싶어 한다. 그래야 보잘것없는 자신이 용서가 되기 때문이다. 하지만 내가 연수원에서 만난 동기들은 모두 그야말로 다재다능한 친구들이었다.

대부분 학점은 4.0을 넘었고(나는 졸업학점이 3.18이었다 -.-) 토익은 기본 900점 이상이었으며 외국어도 기본적으로 두 개 이상, 어떤 동기는 4개 국어까지 했다. 또 언제 연습을 했는지 노래나 춤 실력도 입이 벌어질 정도였으며, 굳이 내세울 건 아니지만 술에 음주가무까지 다들 '한 가닥' 하는 수준이었다. 게다가 대학 때 기업체 인턴에 동아리 활동까지 적극적으로 나서서 해왔던 터라 한 사람 한 사람이 가지고 있는 에너지는 그야말로 최고였다.

그런 동기들을 보자 더더욱 나의 선택에 확신이 들었다. 속칭 수재들 사이에 포함되어 있다고 생각하면 잘난 주변인들에 의해 나도 수재처럼 느껴지고 우쭐해지는 그런 감정이었던 것 같다.

삼성의 신입사원 교육은 내가 그런 생각을 더욱 확고하게 하도록 만들기에 충분했다. 40일간의 교육 중 단순한 주입식 교육은 하나도 없었다. 과제를 하나 내줘도 팀원 모두가 머리를 짜내야 하는 것이었으며, 그리고 그것이 억지로 하는 것이 아니라 자발적으로 하게 만드는 방식이었다.

예를 들면 이런 거다. '만약 내가 삼성의 MD라면 어떤 상품을 개발할 것인가?'라는 과제를 주고 제품의 기획부터 제작, 마케팅, 수익까지 모든 과정을 논리적으로 생각해볼 수 있도록 하는 것이다. 그리고 그 성과를 평가하는 데도 개개인에 대한 평가가 아니라 팀 단위로 하기 때문에 자연스레 결집력도 강해지게 되고, 각 팀들은 경쟁 팀보다 나은 결과를 얻기 위해 자발적으로 새벽 2~3시까지 교육에 몰입하곤 했다. 강의 진행 방식이나 내용에서도 내가 말하는 것이 위주가 아니라 주로 상대의 이야기를 듣는 데 초점이 맞춰져 있었다.

강의와 교육이란 게 자칫하면 유치해지고 형식적인 교육으로 느껴져서 참여도가 떨어질 가능성이 높다. 그런데 삼성의 교육은 정말 실제로 현장에서 일을 하는 것처럼, 현실감이나 전문성이 높아 오히려 그런 과정을 경험하고 있는 것 자체에 상당한 자부심을 느끼게 했다.

연수원에서 40일간의 시간을 보내고 나오면 누구나 진정한 '삼성인'으로 변모하게 된다. 그가 누구인가, 어떤 배경을 갖고 있는가는 그리 중요하지 않다. 삼성이라는 큰 테두리 안에서 '삼성인'으로서의 엄청난 자부심을 갖게 되는 것이다.

삼성이 외치는 '인재제일人才第一'이라는 가치도 이런 교육 시스템에서 확인할 수 있는 것 같다. 그 교육이 속칭 '세뇌교육'이라 할지라도, 어쨌든 소속원들이 자부심을 갖고 조직을 사랑하는 마음을 갖게 만들어놓으니까 말이다. 이게 어디 쉬운 일인가. 머리 다 큰 성인들을 대상으로 말이다.

나 역시 신입사원 교육이 다 끝나갈 즈음에는 진정으로 삼성인으로서의 자부심을 갖는 사람이 되어 있었다. 엔터테인먼트와 영화는 머릿속에서 사라진 지 오래였다. 삼성인으로서의 자부심, 그리고 패

선도 문화의 한 범주라는 내 스스로의 합리화, 그것만이 존재했다.

부서 배치

40일간의 신입사원 연수가 끝나고 제일모직으로 이동한 후 일정 기간 동안은 또 다른 교육을 받았다. 패션에 대한 일반 지식부터 업무에 효율적으로 적응하기 위한 컴퓨터 교육, 직장인 매너 등 양적으로도 질적으로도 엄청난 교육이었다. 나는 경영학을 전공했지만, 회사에서 받는 이런 교육 내용은 학교에서 배운 것과는 또 다른, 리얼real 경영학이었다. 정말 대단한 기업이었다. 그렇잖은가. 돈 줘가면서 거의 6개월 이상을 일은 시키지도 않고 교육만 시키니 말이다.

이러한 교육 시스템 때문에 회사에 대한 만족도는 나날이 높아져 갔다. 정말 순수한 마음으로, 이만 한 회사라면 내 평생을 걸고 일해 볼 수 있겠다는 생각이 들었다.

그렇게 신입사원 교육이 끝나가고, 부서를 배치할 시간이 다가왔다. 크게 두 갈래 길이 있었다. 하나는 마케팅이나 인사, 재무 등과 같은 일반 기업들이 모두 가지고 있는 경영지원부서들이었고 다른 하나는 패션 브랜드 MD였다. 동기들 사이에서도 성향에 따라 각자 가고자 하는 길이 달랐다. 일차적으로는 가고 싶은 부서를 지원하지만, 모두 원하는 대로 갈 수 있는 건 아니었다.

인사팀에서 최종적으로 부서 배치 면담을 할 때, 인사과장님은 나에게 재무팀을 추천했다. 하지만 내 생각은 달랐다. 나는 패션을 문화산업의 범주로 생각했기 때문에 입사를 결정했던 것이 아닌가.

"과장님, 저 그런 경영지원팀 가려고 했다면 처음부터 이곳에 오지 않았습니다. 돈 더 많이 주는 회사에 갔을 거예요. 저 여기 패션하러 왔습니다. 저 브랜드 보내주세요. 빈폴 옴므BEAN POLE HOMME 보내주세요."

개구리 올챙이 적 시절 모른다고, 입사지원할 땐 붙을 거라고 생각도 안 했던 내가 뭘 믿고 그렇게 당당할 수 있었던 건지. 그때 과장님은 날 어떻게 생각하셨을까. 지금 생각해보니 재미있다. 아직 세상 물정도 잘 모르는 젊은 청년이 어리석어 보이기도 했을 거고 귀엽기도 했을 것 같다.

사실 제일모직의 재무팀은 전통 있는 부서였다. 삼성의 각 계열사에 수많은 사장단을 배출해서 삼성의 인재사관학교라고 불리는 곳이며 파워도 있었고, 승진도 어느 정도 선까지는 보장되어 있는 곳이었다. 그렇게 좋은 부서를 추천했는데 그걸 마다하다니.

반면에 내가 선택했던 빈폴 옴므는 빈폴에서 사업다각화를 하면서 만든, 론칭한 지 얼마 되지 않은 데다 고전하고 있는 브랜드였다. 속칭 '일 많고 돈은 안 되는' 그런 부서였다.

힘들 거 알면서도 내가 굳이 가겠다고 한 이유는, 제일모직이 서른 개 브랜드를 가지고 있는 대한민국 1등 패션기업이긴 하지만 패션 트렌드를 주도하는 진정한 브랜드는 없다는 생각에서였다. 그래도 빈폴 옴므는 내가 생각할 때 그중 가장 트렌디한 브랜드였다. 나의 이런 선택은 좋게 말하면 순수함이고, 나쁘게 말하면 세상 물정 모르는 풋내기 신입사원의 어리석음이라 할 수 있을 것이다.

어쨌거나 나는 요구대로 빈폴 옴므에 배치되었다. 많은 동기들이 원치 않았던 부서에 배치된 것에 비하면 나는 행운이었다. 지금도 회사생활에서 어떤 가치를 찾지 못한 채 힘들어하고 있는 한 친한 동기는, 당시 정말 드물게 나와 같은 생각으로 여성복을 지원했지만 전혀 관계없는 부서에 배치를 받고 괴로워했었다. 참 똑똑하고 열정도 대단한 친구였는데, 그런 친구에 비하면 나는 정말 여러 모로 잘 풀리고 있었다.

 패션 MD 되다

부서 배치 후의 생활은 만만치 않았다. 그곳에서 나를 기다리는 건 호랑이 같은 팀장과 산더미 같은 일거리들이었다. 마치 내가 오기를 기다렸다는 듯 처리해야 할 일들이 쌓여 있었고, 나는 새로운 환경에 적응하느라 눈코 뜰 새 없이 바빴다.

하지만 돌아보면 그 시절은 행복한 시절에 속했다. 원해서 왔던 곳이니만큼 이제는 정말 내 뜻대로 무엇인가를 할 수 있으리라는 기대에 부풀어 있었던 것이다. 물론 이런저런 작은 불만들이야 있었지만 내 희망을 꺾을 만큼 절망적이지는 않았다.

그러나 오래지 않아 회의가 생기기 시작했다. 1년 가까이 묵묵히 부서에 적응하며 지내느라 몰랐는데, 작은 불만들이 쌓이고 쌓여 커다란 앙금으로 내 가슴에 자리 잡았던 것이다. 그리고 어느 날, 비유하자면 마치 수도승들이 갑작스럽게 깨달음을 얻는 것처럼 근본적인 문제에 대한 의구심이 들었다.

'도대체 내가 지금 여기서 뭘 하고 있는 거지?'

나는 패션도 문화의 한 부분이라 생각했다. 그래서 이 회사를 선택한 게 아니던가. 하지만 일 년 동안 내가 배운 건 패션산업이 문화산업이 아니라는 것이었다. 오히려 현실은 생산공장에 가까웠다. 물론 기업이니 수익성이 있어야 하고 패션도 예술이기 이전에 산업임에는 틀림없는 사실이었지만, 창조적인 사고를 유형적인 재화로 만들어낸다는 내 생각과는 너무 거리가 멀었다.

또한 창의적 감각이 생명인 패션업계에 여타의 분야와 마찬가지로 수직화된 조직문화가 지배하고 있었다. 이와 같은 상명하복의 구조에서 창조적인 활동이란 원천적으로 제약을 받을 수밖에 없었다.

물론 조직화된 집단의 경우 이러한 구조가 효율적이고 능률적일지도 모른다. 그러나 이런 구조는 아래로부터의 의견 수렴이 적절히 이뤄지지 않을 때 창조성에 제약을 받게 된다.

실례로 이런 일화도 있다. 당시 빈폴은 패션일번지인 명동에 5층짜리 빈폴 종합관을 열었다. 패션업체로는 파격적인 일이었다. 백화점을 위주로 돌아가던 유통구조를 과감히 탈피하고 스스로 종합관을 만든다는 건 분명 당시로서는 신선하고 파격적인 시도였다. 여기까지는 좋았다. 문제는 빈폴 종합관을 만든 후 그 종합관 이름을 사내공모하는 과정에서 드러났다.

이 공모에 전 직원이 적극적으로 참여했다. 모르긴 몰라도 멋진 이름들이 많이 공모되었을진대, 결국 종합관의 이름은 '명동빈폴'로 결정되었다. 이 발표를 보고 많은 직원들의 실망하는 기색이 역력했다. 자신이 공모한 이름이 선택되지 않아서가 아니라, 선택된 이름이 기대와는 달리 너무 구시대적이었기 때문이다. 무슨 동네 삼겹살 집도 요새 그렇게는 이름 짓지 않을 거라고 많은 사람들이 투덜댔다.

그 이후 동기들 사이에서는 이런 농담들이 오고 갔다.

"21세기를 살고 있는 20세기 인간들이 19세기 생각으로 패션산업을 선도해가고 있다."

이건 사소한 예에 불과하다. 어쨌거나 이런 일들이 반복되면서 내 결정에 대한 의구심이 들기 시작했다. 내가 제대로 가고 있는 것일까? 내 선택은 옳은 선택이었나? 더불어 '삼성인'이라는 자부심과 회사에 대한 애정마저 햇살 아래 눈처럼 스르르 녹아가고 있었다.

　그뿐만이 아니었다. 일 년 내내 하기 싫고 귀찮은 업무가 나에게
주어졌다. 원래 내 업무는 영업기획관리였다. 10여 개 매장의 물량
을 구성하고 공급계획을 짜고 매장을 관리하는 일이었다. 이런 업무
를 '물동' 이라 하는데 보통 MD라 불리는 업무의 초보적인 형태다.
　그런데 그 업무 이외의 업무들이 막내라는 이유로 내게 넘어오기
시작했다. 그 탓에 하루 일과 중 선배들이 떠넘기는 일을 하는 시간
이 더 많아졌고 내가 해야 할 본연의 업무는 업무 외 시간에 간신히
마무리 짓는 상황이 반복되었다. 주객전도라고나 할까.
　처음에야 대다수 신입사원들처럼 이런 일도 결국은 조직을 위한
것이니 당연하다고 받아들였다. 시간이 지나면 자연스럽게 이런 일
들에서 풀려나고 내 업무에만 집중할 수 있으리라 믿었다. 그러나
상황은 좀처럼 나아질 기미가 보이지 않았다. 아니, 점점 더 심해지
고 있었다.
　그러자 치졸하지만 내게는 절박한 후회가 생겼다. 내가 이런 일을
하려고 그렇게 힘들게 공부하고 준비했나 하는 후회 말이다.
　물론 지금 생각해보면 조직이란 게 원래 그런 것이라고 이해할 수
있다. 선배들이 내게 떠맡겼든 그렇지 않았든 누군가가 해야 하는
일임에는 틀림없지 않은가. 조직에 적응하기 위해서는 나를 포기하
고 조직을 위해 무엇이든 하려는 자세가 필요한 것이다.
　그러나 어쩌면 나는 자존심이 셌던 건지도 모른다. 내가 맡은 업

무가 사소하냐 거대하냐가 중요한 게 아니라 '의미 있는' 무엇이기를 바랐다. 그러나 일 년 동안 나는 중요한 업무도 많이 처리했고 사소한 업무도 역시 많이 처리했지만, 의미 있는 무슨 일인가를 하고 있다는 자각이 생기지는 않았다.

나처럼 생각하는 신입사원들을 흔히 파랑새를 좇는 틸틸과 미틸에 비유하곤 한다. 누가 처음 이런 비유를 했는지 모르겠지만 참 절묘한 표현인 것 같다. 행복의 상징인 파랑새를 찾아 틸틸과 미틸은 신비의 세계 곳곳을 찾아다니지만 결국 찾지 못하고, 1년 만에 돌아온 집에서 파랑새를 만난다.

나 역시 스스로를 그렇게 생각해보려 노력했다. 내가 원하는 가치나 행복이 모두 내가 몸 담은 조직 안에 있는데, 현실에서 그걸 찾지 못하고 막연한 것만 바라는 것일지도 모른다고.

하지만 아무리 그렇게 노력해도 잘 되지 않았다. 차라리 그런 일을 내 업무라 규정지어줬다면 속이라도 편하지 않았을까. 거창하게도 이름은 MD라 붙여주고 선배들이 하기 싫어하는 속칭 막노동만 주구장창 해야 한다는 게 못내 아쉬웠다.

내 존재에 대한 고민에 덧붙여 팀장과의 갈등도 극복하기 힘든 문제였다. 팀장은 누구보다 패션산업에 대한 감각이 탁월했고, 높은 실적을 내는 능력 있는 인물이었다. 이탈리아에서 오랜 기간 주재원으로 활동한 터라 유럽 패션과 국내 패션에 대한 안목도 남달랐다.

다만 너무 강성이라는 게 문제였다. 화가 치솟으면 입에 담기 힘든 험한 욕설도 아무렇게나 내뱉었으며, 모두들 쉬쉬하지만 팀원을 때렸다는 소문도 있을 정도였다. 그런 행적들이 과장되고 부풀려져 선배들 사이에서는 일종의 악한, 영웅으로 회자되는 매우 유명한 사람이었다. 다른 부서 사람들은 그 팀장과 함께 일한다고 하면 첫마디가 "요즘 힘들겠다. 힘내라"고 할 정도였다.

나는 그 팀장 때문에 군대에서나 있을 법한 사람과의 갈등을 겪게 되었다. 분명 그는 다른 팀장보다 훨씬 능력 있는 사람이었지만 그 팀장의 능력이 곧 우리 팀의 능력이라는 걸 뜻하기도 했다. 결국 팀이 아닌 그 팀장의 능력이 알파와 오메가인, 시너지가 없는 팀이었다. 자율성과 진정성, 그리고 개개인의 능력보다는 팀워크를 중요하게 생각하는 내게 그런 팀 문화와 팀장의 성격은 감당하기 힘든 짐이었다.

#1-5 월급쟁이의 고뇌

내가 겪은 이러한 경험이 나만의 것은 아니라는 걸 잘 알고 있다. 아마도 대부분의 직장인들이 이런 경험을 갖고 있을 것이다. 그럼에도 불구하고 우리는 견디며 살아간다. 왜, 무엇 때문에 견디는 것일까?

얼마 전에 샐러리맨들을 대상으로 한 설문조사 결과를 본 적이 있다. 직장생활의 불만이 뭐냐는 질문이었는데, 대략 50%의 샐러리맨들이 '불확실한 미래'를 꼽았다. 이 불안감이 바로 역설적으로 우리를 견디게 해준 힘이라는 건 참으로 서글픈 일이 아닐 수 없다. 하지만 인정하지 않을 수 없었다. 나 역시 그것이 가장 큰 문제였으니까.

나는 때때로 당혹감을 느끼곤 했다. 업무에도 유능하고 후배들에게도 존경받는 선배가 미래에 대한 걱정을 사석에서 털어놓을 때면, 저렇게 뛰어난 선배도 불확실한 미래 때문에 가슴 졸이며 산다는 사실이 믿어지지 않았다.

하지만 나의 미래도 저 선배들과 전혀 다르지 않을 거라는 데 생각이 미치면 가슴이 답답해지곤 했다. 그 선배들도 분명 내 나이에는 세상에 할 이야기 많은 꿈 많고 똑똑했던 청년이었으리라. 나보다 백배는 똑똑했을 법한 선배들마저 세월의 무게에 짓눌려 이제는 더 이상 아무것도 꿈꾸지 않는다는 점이 충격적이었다. 그렇다면 나의 미래는 얼마나 더 불확실하고 불안정한 것일까.

내 아이의 교육비를 어떻게 해결해야 하는지를 걱정하고 어떻게 하면 이 조직에서 더 연명하면서, 그야말로 꿈과 존재의 가치가 아니라 생존을 위해 몸부림쳐야 하는 상황에 맞닥뜨렸을 때 나 역시 선배들처럼 푸념을 늘어놓게 되겠지. 아니, 견디지 못하고 낙오자가 되어 영영 사람답게 살지 못하는 신세가 될지도 모른다. 이런 생각들이 나를 괴롭혔다.

자기에게 주어진 일을 열심히 하면 성공할 수 있으리라는 나의 믿음은 약해지고 있었다. 자신의 일을 열심히 해서 프로가 되는 것은 기본이고, 그와 아울러 '정치'를 잘하는 사람이 능력 있는 사람이라는 걸 깨달아갔다. 줄서기는 정치판에만 있는 줄 알았던 나는 퍽 어리석었던 셈이다. 만약 이런 처세술이 신입사원 시절에 겪어야 할 통과의례라면 나 역시 기꺼이 감수했을지도 모른다.

그러나 직급이 올라갈수록 상황은 더욱 심각해지고 치열해지기 마련이었다. 잘나가는 선배에게 줄을 서고, 어떻게 그 선배에게 인정받는가가 자신의 주요 업무보다 더욱 중요해지는 건 신입이든 고참이든 마찬가지였다. 세상의 룰을 아직도 잘 모르는, 혹은 그에 적응할 능력이 충분치 않은 풋내기의 푸념이라 치부할 수도 있겠지만, 어쨌거나 나 자신은 그와 같은 부조리를 고분고분 받아들인다는 게 내키지 않았다.

만약 이를 용납한다면, 사람을 진정한 마음으로 대해야 하며 결코 내게 이익이 되는 것만 좇지 말 것이며 항상 옳은 편에 서서 성실하게 일하라는 부모님의 가르침을 저버리는 게 될 테니 말이다.

그렇다고 해서 성공한 사람들이 다 정치에 능한 사람들이라고 생각하지는 않는다. 성실과 정직, 그리고 자신의 노력만으로 성공한 사람들도 많이 알고 있다. 하지만 줄서기에 실패하면 고위 임원일지라도 하루아침에 회사에서 쫓겨나는 모습을 보고 그가 바친 젊음과 열정을 어디서 보상받을 수 있을까라는 의문을 갖기 시작한 순간부터, 나는 내가 몸담고 있는 회사를 그저 긍정적으로만 바라볼 수는 없었다.

내 스스로를 판단컨대 나는 그런 정치적 능력과는 거리가 먼 사람이었다. 주어진 일을 열심히 하라면 성실하게 임하며 최선을 다할 자신이 있었지만, 그런 정치고수들의 행위는 버거운 일이었다.

그 1년 동안 나는 이 조직에서 내 꿈을 펼치기가 얼마나 어려운 일인지를 깨달은 것으로 만족해야 했다. 이제 나는 무언가를 선택해야 했다. 성공한 사람들 밑에서 내 사회적 성공을 위해 머리를 조아리며 그들의 비위를 맞추며 살 것인지, 아니면 다른 길을 찾아야 할 것인지를.

나와 내가 좋아하고 존경하는 선배들과 차이가 있다면, 그들은 너무나 멀리 가버렸고 나는 아직 한 걸음을 내딛었다는 점이었다. 그분들은 이미 되돌아오기에는 벅찬 책임을 어깨에 지고 있기에 모험을 할 수도 없으며, 청년 시절의 초심으로 돌아갈 수도 없다. 그건 나의 아버지도 마찬가지고 이 글을 읽는 독자의 아버지도 마찬가지일 것이다.

1년 만에 삼성인으로서의 자부심은 흔적도 없이 사라져버렸다. 무엇보다 미래를 보장받을 수 없는 곳이라는 깨달음이 가슴 아팠다. 이러한 생각들은 시간이 지날수록 점점 더 확고해졌다.

아마 연휴 중 하루였던 것 같다. 그날도 집에서 같은 고민으로 머리를 싸매다, 곧 머릿속이 터질 것 같아 거실로 나와 TV를 켰다. 박신양 주연의 〈약속〉이라는 영화가 방영되고 있었다. 아무 생각 없이 보고 있는데, 박신양의 말 한마디가 그야말로 머릿속에 꽂히고 말았다.

조폭 두목인 박신양이 술에 취한 채 동생들과 거리를 걷다 구걸하는 거지의 배낭을 뺏는 장면이었다. 거지는 뺏기지 않으려고 필사적으로 매달리지만 결국 뺏기고 만다. 가방을 열어 내용물을 다 끄집어내 길바닥에 던지면서 박신양이 말했다.

"먹다 남은 사과, 곰팡이 핀 빵, 쓰레기…… 이딴 거 뺏기지 않으려고 꼭 움켜쥐고 살면서 사람들한테 구걸하는 저 거지를 봐. 내가 저 거지랑 똑같애."

그 말을 듣는 순간 귀가 번쩍 뜨였다. 그래 그거다! 지금 나는 내가 가지고 있는 것을 잃기 싫은 것이다.

사랑에 실패하면 대중가요가 귀에 쏙쏙 들어온다고 하지 않던가. 마찬가지였던 모양이다. 평소라면 그냥 아무렇지도 않게 지나갔을 이 장면이 마치 내 모습을 그대로 보여주는 것 같아 소름이 돋았다.

쥐꼬리만큼 모아놓은 돈. 그리고 결코 미래를 보장하지 못하는 내

직장, 난 그것들을 잃을까 봐 두려워 움직이지 못하고 움츠리고 있는 것이다.

나와 저 거지의 모습도 별반 다르지 않았다. 생각해보면 불과 2년 전만 해도 내가 지금 소유하고 있는 것들은 내 것이 아니었다. 하지만 아직 직장을 구하지 못한 사람들에 비한다면 나는 조금 더 나은 형편인 것도 사실이다. 그러니 이게 바로 내가 지닌 기득권인 셈이다. 왜 사람들이 기득권을 포기하기 싫어하는지 알 수 있을 듯했다. 그 기득권이 대단하든 대단하지 않든 말이다.

그 순간부터 나는 지금 내가 지닌 것들을 잃어도 그만이라고 스스로를 설득하기 시작했다. 물론 오늘은 '그래. 회사를 그만두고 이제 내가 사랑할 수 있는 그 무엇인가를 시작해보는 거야'라고 결정을 내렸다가도, 다음날 아침이면 내가 가지고 있는 그 조그만 것들을 잃을 것이 두려워 '그래도 이런 회사가 없잖아. 그냥 계속 다니지 뭐. 내가 뭐 잘났다고. 남들도 다 하는 일인데'라며 스스로 설득하기를 수없이 반복해야 했다.

사실 많은 샐러리맨들이 나와 똑같은 문제로 고민하고 있을 것이다. 그들처럼 나 역시 문제는 인식하고 있으나 대안이 없었다. 매달 월급통장에 찍히는 200만 원 남짓 되는 숫자가 나의 삶을 갉아먹고 있었다. 단순 계산으로도 서울에 작은 아파트 하나 장만하려면 십수 년을 지금처럼 살아야 했다.

그런 경제적인 문제를 떠나 자아를 실현할 가능성 역시 요원해 보였다. 내가 머릿속에서 항상 그려왔던, 세계를 무대로 일해야 할 나 자신은 현실세계에 존재할 수 없었다. 나는 그저 수백 명으로 구성된 조직 안의 조그마한 부품에 불과할 뿐이다. 많은 샐러리맨들이 느끼는 그런 현실처럼.

'진인사대천명盡人事待天命'이라는 말처럼 참고 견디면 내가 원했던 것들을 얻을 수 있으리라는 희망이 있었다면 나 역시 힘든 오늘을 참을 수 있었을지도 모른다. 하지만 현실이 그렇지 않다는 건 너무도 명백했다.

그럼에도 불구하고 여전히 내 발목을 붙잡는 건 부모님의 얼굴이었다. 당신들의 아들이 삼성인이 되었다며 너무나도 즐거워하시던 그 모습, 결심을 했다가도 그 얼굴이 떠오르면 꺾어야 했다.

그러기를 수십, 수백 번. 그러나 야생의 들판에서 누릴 자유에 대한 내 갈망은 내 불안과 걱정들을 압도하기 시작했다. 그리고 결정했다.

Stop!

부끄러운 이야기지만, 그렇게 결정하기까지는 고민을 시작한 이후로도 1년이란 세월이 필요했다.

밴쿠버
맨땅에
헤딩하다

2

문화카페

드디어, 밴쿠버로 뜨다

시장조사

예상치 못한 난관

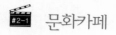 문화카페

용기를 내어 잘못 가고 있다고 생각하는 길 위에 멈추기로 했지만, 막상 나를 보호했던 커다란 울타리를 박차고 나오자니 그 막막함은 이루 말하기 힘들었다. 지금까지 내가 얻은 것들을 모두 잃을 각오도 섰고 다른 삶을 살겠다는 결심도 섰지만, 무엇보다 걱정되는 건 부모님과 주변 사람들이었다. 어머니와 아버지의 걱정하실 모습이 눈앞에 아른거렸다. 직장을 그만두는 건 부모님 입장에서는 '대형사고' 나 마찬가지였다. 그러니 당신들을 안심시킬 확실한 그 무엇이 필요했다.

나는 우선 그동안 열심히 모았던 내 돈을 정확히 헤아려보았다. 적금도 깨고 예금도 찾아 모으니 5,000만 원 조금 넘는 돈이 있었다. 지난 3년 동안 이날을 위해 커피 한 잔 쉽게 마시지 않고 모은 돈이었다. 내게는 아주 큰돈이었지만, 막상 그 돈으로 할 수 있는 일을 찾기는 쉽지 않았다. 동네에 조그마한 라면 집, 토스트 집을 시작하려 해도 턱없이 부족한 액수였다. 참으로 허탈했다.

스스로 조급해하지 말자고 되새기고 되새겼지만 내게 펼쳐질 광야는 너무나 넓고 광활했으며 어디로 가든 한 번 가면 되돌아올 수 없을 것 같았다. 그러므로 첫걸음 역시 신중해야 했다. 나는 이렇게 마음을 다잡고 그동안 바빠서 만나지 못했던 사람들도 만나고 책도 읽고 영화도 보면서 자연스럽게 아이디어가 떠오르기를 기다렸다.

그러던 어느 날, 대학로에서 약속이 있었다. 약속 시간보다 조금 일찍 도착한 나는 소극장들이 몰려 있는 마로니에 공원 뒤쪽 골목을 걸어다녔다. 그러다 사람들이 길게 늘어선 줄을 보았다. 인기 있는 공연을 보기 위한 관객들이려니 싶었던 나는 그 줄의 맨 앞에 이르러 간판을 보고 깜짝 놀랐다. 그곳은 '민들레 영토'라는 문화카페였다.

나는 이마를 손바닥으로 툭 쳤다. 그리고 나도 모르게 미소를 지었다. 바로 이거다, 싶었다.

나 역시 대학 시절 신촌에 있던 민들레 영토 본점에 가본 적이 있었다. 그 당시에도 물론 '문화비'라든지 '라면 공짜'와 같은 재미있는 서비스 거리가 있었지만 이 정도는 아니었다. 그런데 그날 내가 본 민들레 영토는 분명 그 당시 민들레 영토와는 달랐다.

안으로 들어가보니 다른 카페들과 비교해 그저 조금 다를 뿐이었는데 수백 석이 넘는 자리가 빈틈없이 꽉 차고 줄까지 길게 늘어서서 기다리는 사람들이 있었다. 문화 코드, 공통의 관심사를 가지고 함께 모일 수 있는 공간, 젊은 사람들에게는 그러한 공간이 부족한 것이었다.

바로 이것이다 싶었다. 말콤 글래드웰Malcolm Gladwell이 『블링크Blink』라는 책에서 기술한 것처럼 느닷없이 아이디어가 나를 찾아왔다. 그 이후 내 머릿속은 온통 문화카페가 점령하고 있었다.

문화적 욕구를 충족시킬 수 있으면서도 새로운 트렌드를 형성할 수 있는 문화카페, 이게 바로 내가 원하던 형태의 문화산업이었다.

그러나 아무리 생각해봐도 실행할 수 있는 답이 나오지 않았다. 어떤 형태의 문화카페든 내가 가진 5,000만 원으로 시작하기에는 무리였다. 내가 만약 어느 장르에 종사하는 문화인이었다면, 그래서 콘텐츠 생산 능력을 지니고 있는 사람이었다면 차라리 나았을지도 모른다. 하지만 나는 기획자일 뿐 문화 콘텐츠를 생산하는 사람도, 자본가도 아니었다. 그렇게 어느 쪽으로 가야 할지 방향은 잡았지만 여전히 나는 광야에서 한 걸음도 떼지 못하고 있었다.

'안 되면 되게 하라' '하늘이 무너져도 솟아날 구멍이 있다'는 식의 격언들도 도움이 되지 않았다. 나는 머릿속에서 수도 없이 다양한 모양의 문화카페를 지었다, 허물었다를 반복했다. 생각의 전환이 필요하다는 걸 알았지만 어떻게 전환해야 할지 알 수가 없었다.

그러다 불현듯 이런 생각이 들었다.

'한국에서 안 된다면 외국에선 어떨까?'

그래, 나는 왜 한국만을 고집했을까? 외국이라고 해서 안 될 건 없지 않은가. 내 고민은 이렇게 자연스럽게 반환점을 돌았다. 생각의 전환이 이루어지자 그 다음 문제는 술술 풀렸다. 나는 어학연수 시절의 경험을 차분히 떠올렸다.

어학연수생들의 하루 스케줄은 이렇다.

오전 아홉 시부터 오후 세 시까지는 대부분 학원을 다닌다. 그리고 그들은 노천카페에서 현지인들과 한가로이 커피를 즐기면서 담소를 나누기는커녕 학원이 끝나는 순간 갈 곳이 없어 방황한다. 원어민들과 대화를 나눌 기회는 쉽게 오지 않는다. 천신만고 끝에 원어민과 사귄다 하더라도, 그런 원어민이란 대부분 우리의 예쁜 언니들을 어떻게 한번 해볼까 하는 껄떡이들이다. 그나마 여자라면 그런 껄떡이라도 만날 기회가 있겠지만 남자들은 기회가 거의 없는 게 사실이다.

이렇게 어학연수 시절을 떠올리고 보니 틈새가 보이기 시작했다. 이런 단조롭고 무의미한 일상은 비단 한국인 어학연수생에게만 해당되는 건 아니었다. 일본, 타이완, 유럽, 멕시코, 브라질 등 각국에서 온 어학연수생들—물론 남미나 유럽 어학연수생은 동양인 어학연수생들보다는 문제의 심각성이 덜하나 근본적으로 겪는 문제는 유사하다—모두에게 원어민들과 어울려 놀 수 있는 문화공간이 필요했다.

그들에게 비디오게임, 영화, 스터디, 여행과 같은 문화, 오락적인 코드들을 매개로 함께 어울릴 수 있는 공간을 제공하고 그 서비스 비용을 받아낸다면, 캐나다에서 문화 카페를 만드는 것도 전혀 불가능한 일이 아니라는 생각이 들었다. 또한 무엇보다 캐나다의 경우에는 국내와 다르게 권리금이라는 제도가 없으니 현실적으로 가능할 것 같았다.

이렇게 생각을 정리하자 나는 벌써 문화카페의 사장이 된 내 모습을 상상의 나래 속에서 펼쳐보이게 되었다.

직장을 그만 둘 날짜가 코앞으로 다가오고 있는 상황에서 이러한 생각은 분명 어둠 속에서 발견한 한 줄기 빛이나 다름없었다. 나는 드디어 아이디어가 왔노라 흥분했으며 꿈을 이루기 위한 준비를 서두르기 시작했다.

　회사에 퇴직을 통보하는 것은 그리 어렵지 않았다. 물론 끝까지 "다시 한 번 생각해보라"며 좋은 말씀을 많이 해주셨던 김완수 부장님이나, 나의 용기에 박수쳐주시면서 "잘돼서 다시 보자"고 말씀해주셨던 팀 내 여러 과장님, 대리님, 그리고 선후배 분들에겐 지금도 참 고마울 뿐이다. 나 역시도 멋진 뒷모습을 위해 최선을 다했다.

　하지만 이런 결심을 집에 이야기하는 것은 정말 쉽지 않은 일이었다. 회사 잘 다니던 큰아들 녀석이 대뜸 회사를 그만두고 외국으로 사업하러 간다고 했을 때 이를 쉽게 이해해주실 부모님은 많지 않을 것이었다.

　회사에 통보를 한 날 저녁 부모님께 드릴 말씀이 있다며 자리를 마련했다. 그리고 그간의 회사생활과 나의 꿈, 그리고 캐나다에서의 계획 등에 대해 말씀드렸다. 정말 마음 단단히 먹고 만든 자리였는데 아버지의 반응은 의외로 담담하셨다.

　"인생이란 것이 오늘 당장 이게 꼭 돼야 잘될 것 같지만 그렇지 않다. 인생은 길고, 젊어서 그런 도전으로 자기 길을 찾을 수만 있다면 그것도 중요한 일이지. 만약 우발적이고 충동적인 행동이라면 말려야겠지. 하지만 네가 오랫동안 생각하고 준비했던 일이니까, 그리고 네 인생은 네 것이니 책임감 갖고 알아서 해."

정말 뜻밖의 반응이었지만 부모님을 설득하는 일은 그렇게 마무
리 되었다. 언제나 그랬듯이 나의 부모님은 아들을 믿어주셨다. 사
랑하는 부모님……

그렇게 한국에서의 준비 과정은 마무리 되었고, 이제 출국할 일만
남았다. 시간은 째깍째깍, 출국 날을 향해 달려가고 있었다.

드디어, 밴쿠버로 뜨다

내가 구상한 아이템은 기본적으로 어학연수생을 대상으로 하는 것
이었고 그중에서도 주요 고객은 한국인과 일본인이었다. 그래서 나
는 한국인들이 가장 많이 찾는 어학연수 장소를 물색했다.

세계지도를 펴놓고 한국인들이 가장 선호하는 도시를 꼽아보니
토론토, 밴쿠버, 뉴욕, 시드니, 런던 등이 시야에 들어왔다. 그 밖에
도 많은 도시들이 있었지만 우선은 어학연수생들이 선호하는 대도
시라는 점을 고려했다. 이렇게 몇 군데로 좁혀 놓은 뒤 다음 문제를
따졌다. 가장 중요한 건 무엇보다 내 신분을 보장받을 수 있느냐 하
는 것이었다.

그곳에 가면 나 역시 외국인에 불과했다. 외국인으로서 사업체를 소유하고 경영하는 일이 쉬울 리가 없지 않겠는가. 이런 법적인 문제들이 해결되지 않는다면 아무리 시장이 좋다 해도 내가 섣불리 덤벼들 수 없는 노릇이다.

그러다 보니 최종 선정 과정에서는 그 도시의 환경은 물론이요 물가, 정치, 경제 상황까지 두루두루 철저하게 조사해야 했으나 이런 객관적인 조건들보다 내가 아는 사람들이 거주하고 있느냐, 아니냐에 더 초점을 맞추게 되었다. 외국이기 때문에 내가 감당하기 힘든 문제가 생길까 봐 걱정이 되었던 것이다.

결국 나의 시선은 세계지도의 오른쪽, 밴쿠버에 머물렀다.

밴쿠버에는 사촌 형의 가족과 나와 친한 형의 친구분들이 있었다. 또 밴쿠버는 내가 생각하는 사업 아이템의 시장성을 충분히 만족시켜줄 수 있는 도시이기도 했다. 또한 군대를 제대한 후 8개월 정도 캐나다에서 어학연수를 한 경험이 있다는 사실도 결정에 큰 이유가 되었다.

이렇게 목적지까지 정해놓은 뒤 나는 지인들과 작별 의식을 치렀다. 더러는 내가 그곳에서 실패하고 돌아올까 봐 걱정스러운 목소리로 충고를 해주기도 했고, 더러는 나를 믿는다며 반드시 성공하고 돌아오라고 격려해주었다.

따스한 충고와 격려의 이야기를 들으며 나는 새삼 용기가 불끈 치솟는 걸 느꼈다. 인간 우재오는 반드시 성공하여 금의환향할 테니 걱정들 마시라 호언장담을 했다. 내 스스로 성공이라는 단어를 마음 속에 되새기고 또 되새기며 그렇게 밴쿠버 행 비행기에 올랐다.

"난 이제 꿈을 찾아 간다······ Dream comes true!"

내 나이 서른하나. 이십대와는 또 다른 삼십대가 태평양 너머에서 날 기다리고 있었다.

![#2-3] 시장조사

도착한 첫날 방을 잡고 이곳에서 해야 할 일들을 정리해보았다. 시 차도 여독도 존재치 않았다. 내 꿈과 내 인생을 위한 도전만이 머릿 속에 꽉 차 있었다.

문화카페는 도시 구석에 자리 잡아서는 안 된다. 한국으로 치면 학 생들이 많은 신촌이나 강남쯤에 있어야 하고 인테리어 역시 동네 다 방 수준으로는 어림없다. 더욱이 한국인과 일본인을 주요 대상으로 할 카페라면 대충대충 해서는 안 될 일이다. 한국인과 일본인들의 문화 수준은 세계적인 수준이니 향수를 달래는 정도로는 성공할 가 능성이 없었다.

일단 나는 시장조사를 하기로 했다. 도착한 지 이틀 만에 가방을 매고 다운타운으로 향했다. 시차적응이니 뭐니 하면서 허비할 시간이 없었다.

그런데 막상 마음만 급했지 연결 고리를 어디서부터 풀어가야 할지 정말 막막했다. 급한 마음에 몸부터 움직였지만 실제 세상은 그리 녹록치 않았다. 한국에서 준비해왔던 사업계획서는 그저 계획서에 불과했다. 아주 사소한 전화번호 하나조차 알지 못하는 난 이 광야의 이방인에 불구했다.

처음 내가 해야 할 일은 사업을 하기 위해 법적으로 어떤 절차를 거쳐야 하는지 알아내는 것이었다. 즉 사업등록을 하는 방법을 알아보는 일인데, 예상은 했지만 그 무엇 하나도 쉽지 않았다. 한국이면 전화 한 통으로 해결될 수 있는 문제들이 현지에서는 서너 시간이 걸려도 해결되지 않았다. 이곳에 가서 물으면 저곳으로 가라고 하고, 막상 그곳으로 가면 문이 닫혀 있기 일쑤였다. 전화를 걸면 도통 말은 통하지도 않고 심지어는 안내원과 통화하는 방법을 몰라 기계에 녹음된 안내음성을 20~30분씩 듣고 있기도 했다.

인터넷으로 검색하면 금방 나올 걸 뭘 그리 헤매고 있냐고 말할 사람도 있을 줄 안다. 물론 한국에서야 쉽다. 인터넷 검색 사이트만 활용해도 웬만한 생활정보는 다 얻을 수 있기 때문이다. 모르는 전화번호가 있다면 114에 걸어 문의하면 된다.

하지만 이런 사실조차 모른다면 어떻게 하겠는가. 캐나다에도 검색 사이트가 있고 전화번호 안내 서비스가 있지만, 이런 기본적인 정보조차 없는 내게 시작은 정말 고통 그 자체였다. 사업자등록은 어디서 해야 하는지, 그곳은 어떻게 찾아가야 하는지, 교통편은 어떤 게 있는지, 어떤 서류를 준비해야 하는지…… 모든 것들이 꼬리에 꼬리를 물며 나를 괴롭혔다.

언어적으로도 미숙한 데다, 현지 사정을 속속들이 모르고 있었으니 당연한 결과이기도 했다. 이런 세세한 부분을 미처 생각하지 못하고 왔으니 시작부터 이렇게 쩔쩔매고 있었던 것이다. 불과 이틀 전만 해도 큰소리 탕탕 치던 나인데, 첫 주부터 정말 우스운 꼴이었다.

그렇게 한 주 동안 정말 열심히 발품을 팔았다. 그리고 그렇게 한 주를 보내면서 나는 내가 무슨 실수를 했는지 깨달았다. 비록 한국에서 사업계획서를 써왔고 치밀하게 준비했다고 생각했지만 밴쿠버의 물가가 얼마나 되는지, 내가 고민한 사업체를 설립하는 데 비용이 얼마나 드는지와 같은 기본적인 문제들은 말할 것도 없이, 허가체계는 어떻게 되는지, 세금과 노동 문제는 어떻게 되어 있는지 등 사업을 시작하기 위해 반드시 조사했어야 할 부분들을 너무 만만하게 생각했던 것이다. 현지에 도착해서 발품을 팔면 이런 문제들이 금방 해결되리라 생각했던 내 자만심이 문제였다.

따지고 보면 나는 정말 배짱 하나 믿고 밴쿠버로 날아온 셈이었다. 물론 한국에서는 그런 문제들에 관한 정보를 충분히 구할 수 없었다는 이유도 있었다. 하지만 그렇다 해도 내 정보와 준비는 상황을 헤쳐 나가기에 너무 부족했다.

한국과 달리 캐나다는 카페나 음식점의 허가가 매우 까다로웠다. 심사 기간도 보통 2~3개월이 걸렸다. 물론 장점도 있었다. 외국인이 회사를 소유하는 데 아무런 문제가 없다는 점이다.

그런데 여기에 맹점이 있다. 외국인이 직접 경영은 할 수 없다는 점, 즉 노동허가를 얻는 것이 정말 어렵다는 사실이다. 다시 말해 투자와 소유만 가능하다는 것이다. 설사 투자와 소유 문제가 해결된다 해도 현지법에 따라 법적 절차를 따르고 음식점이나 카페를 새롭게 차리는 건 무척 어려운 일이다. 위생과 안전에 대한 법률이 까다롭기 때문이다.

예를 들면, 해당 평수 당 고객 및 고객회전율을 계산해서 그에 맞는 화장실 크기, 비상구 규모, 화재안전시스템 등 대중안전과 편의 시설에 대해 명확히 규정해두고 있었다. 더욱 놀라웠던 건 이를 예외 없이 실행하고 있었다는 점이었다.

아울러 이 규정을 만족시킨다 해도 가게를 내기까지 그 과정이 만만치 않다. 검사관이 허가 신청부터 완료까지 2~3개월간 서너 차례 방문해서 각각의 점검 사항들을 실제로 점검한다. 일부 국가처럼 로비를 통해 얼렁뚱땅 넘어간다는 건 꿈도 꿀 수 없는 상황이다. 정말 법대로 하는 나라라고 할 수 있다.

한국과는 전혀 다른 이런 풍토에 당황했던 게 사실이다. 물론 불법을 저지르겠다는 생각은 추호도 없었다. 다만 생각보다 그 법률이 까다롭다는 게 문제였다. 내가 가진 돈으로는 그 과정을 버티는 것만으로도 빠듯할 지경이었으니 말이다.

이렇게 법률 관련 문제들을 조사하는 과정에서 온 몸의 힘이 다 빠져나가버렸다. 하지만 이 머나먼 밴쿠버까지 날아와 벌써부터 포기할 수는 없었다. 제아무리 철옹성 같은 법이라 해도 기회는 분명 있다고 믿었다.

정말 틈은 있었다. 이 모든 법률적인 문제는 새로운 사업체로 승인을 받는 경우에 한해서이다. 말하자면 기존에 허가가 나 있는 장소를 찾아 인수할 경우에는 상황이 달라진다. 이미 허가를 받아 영업을 하고 있는 곳이니 필요한 건 오직 명의변경뿐이었다.

하지만 정말 중요한 또 다른 문제가 돌출했다. 바로 '돈'이었다. 내가 저지른 실수 가운데 또 하나는 사업계획 단계에서 비용 부분을 너무 낮게 잡았다는 점이었다. 내가 도착했을 무렵의 밴쿠버는 전 세계적인 부동산 붐과 2010년 동계 올림픽 붐까지 겹쳐서 부동산 경기가 하늘 높은 줄 모르고 치솟아 있었고 물가도 상당히 높은 수준이었다. 한국 부동산 시장의 열기 이상이라면 말 다하지 않았는가. 당연히 월세도 내가 예상한 수준 이상이었다.

더욱이 앞에서도 이야기했지만, 그런 문화카페가 도시의 변두리에 있을 수는 없으니 당연히 도심 한복판에 존재해야 한다. 그런 곳에 카페를 하나 내려면 20~30평이라 할지라도 월세를 대략 1,000~1,500달러는 줘야 할 판국이었다.

그뿐만이 아니다. 내가 구상한 문화카페를 위해서는 디스플레이 비용만도 만만치가 않았다. 특히 캐나다의 인건비는 살인적이었다. 기본적으로 공사 인부를 한 명 쓰는 데 시간당 20~30달러의 비용이 들었다. 이렇게 되면 합판으로 뚝딱뚝딱해서 폭 5미터쯤 되는 그런 일반적인 벽을 만드는 데도 어림잡아 3,000달러는 드는 셈이었다. 내가 가진 50,000달러로 감당할 수 있는 사업이 아니었다.

애초에 문화카페는 아이디어 사업이라 생각했는데 시장조사를 하면서 아이디어 사업이 아니라 큰 자본이 드는 자본 사업이라는 걸 깨달았다. 아이디어는 필수조건에 불과했던 것이다.

앞이 깜깜했다. 쉽지 않을 거라 예상은 하고 왔지만 오자마자 앞이 탁 막히는 일이 발생하리라고는 생각지 않았기 때문이다. 다시 한 번 부끄러워졌다. 나는 너희 같은 용기 없는 못난이가 아니라는 둥, 동물원을 탈출한다는 둥, 이제는 병상을 박차고 일어난다는 둥, 온갖 오만방자한 말을 거리낌 없이 지껄이고 잘난 척은 있는 대로 다 하고 왔는데, 보름 만에 내 사업계획서는 그저 몽상가의 낙서에 불과하다는 게 밝혀졌으니.

누구에게 하소연을 할 수도 없는 신세라 혼자 속으로 끙끙 앓을 수밖에 없었다. 물론 아직 투자를 하거나 사업을 시작한 게 아니기 때문에 금전적으로 손해를 본 건 아니었지만, 계획한 대로 일이 진행되지 않는 데서 느끼는 고통은 금전적 손해보다 더 참기 어려웠다.

학원 유랑
방랑기
*

3

학원 유랑

설문조사

새로운 목표

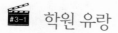

내가 잘한 일을 내세우기는 쉽지만 내 실수를 인정하기는 누구에게
나 어려운 일이다. 나 역시 마찬가지다. 오랜 시간에 걸쳐 구상했던,
성공하리라 확신했던 나의 사업계획서를 스스로 실현 불가능한 계
획서로 인정한다는 건 부끄러운 일이었다.

　하지만 그렇다고 마냥 손 놓고 놀 수도 없는 일이었다. 비록 계획
했던 문화카페를 만드는 일은 어렵다고 판단했지만 새로운 그 무엇
인가를 찾아야 함은 내 앞에 놓인 명확한 과제였다.

　나는 사람들도 만나고 애초에 생각했던 어학연수생들을 대상으
로 할 수 있는 또 다른 아이템을 찾아야겠다는 생각에 어학원을 다
녀보기로 했다. 어차피 무엇을 하든 어학연수생들을 대상으로 해야
하지 않을까라는 생각과, 이래저래 시장조사도 할 겸 그들도 알 겸
움직이기 시작했다.

　밴쿠버의 어학원들은 'Trial lesson'이라 해서 등록을 하기 전에
하루 정도 공짜로 샘플강의를 들어볼 수 있는 기회를 주고 있었다.
말하자면 듣고 결정하라는 것이다. 나는 이 기회를 이용하기로 마음
먹었다. 그리고 두 가지 목표를 세웠다.

　첫째, 학원을 다니면서 사람을 사귈 것.

　둘째, 외로움과 초조함을 달랠 것.

　사실 초초함이 가장 큰 적이었다. 큰소리 빵빵 치고 온 이 낯선 땅

에서, 그리고 인생을 걸고 온 이곳에서 무엇인가를 빨리 만들어내야 한다는 압박감이 나를 초조하게 만들었기 때문이다.

그 당시 믿기 어렵겠지만 두 달 동안 약 70군데의 학원을 다닌 듯 싶다. 거의 매일 다른 학원을 전전했다.

매주 금요일엔 어학원들에 전화해서 다음 한 주간의 샘플강의를 예약하고, 월요일부터 목요일까지는 스케줄대로 강의를 들으러 다녔다. 밴쿠버에 있는 어학원들은 거의 다운타운에 집중적으로 몰려 있었기 때문에 오전 9시부터 오후 3시까지, 하루에 두세 군데의 샘플강의를 들을 수 있었다.

물론 전화로 예약을 하다 보니 갔던 곳에 두 번, 세 번 중복해서 간 적도 있었다. 리셉션리스트나 학원 관계자가 얼굴이 익숙하다며 "우리 전에 만난 적 있지 않나요?"라고 말을 걸어오면, "인상이 좋아서 그런 거겠죠. 그런 말 많이 들어요"라며 둘러대곤 했다.

점심은 맥도날드에서 햄버거로 때우고, 샘플강의가 끝나면 유학생들이 모여 있는 중앙도서관으로 갔다. 아침에 집에서 나올 때부터 밤에 집으로 돌아갈 때까지 모든 이동은 두 발로, 무조건 걷고 또 걸었다. 많은 사람과 시장을 내 몸으로 직접 보고 듣고 만지면서 익힐 필요성이 있다고 생각했다. 물론 비싼 교통비도 아낄 수 있었다.

이렇게 돌아다니다 보니 재미있는 일들도 많았다. 이 학원에서 만난 학생을 저 학원에서 또 만나는 경우도 있었는데, 그 친구들도 나를 알아보고 서로 의미심장한 미소를 주고받기도 했다.

54

학원을 다니면서 얻은 성과 중 가장 큰 것은 애초에 목표했던 것처럼 사람들을 많이 알게 되었다는 것, 그리고 초조함과 외로움을 떨쳐 내었다는 사실이었지만 또 다른 성과는 많은 학원들을 직접 체험하면서 한 가지 '공통점'을 발견했다는 점이었다.

물론 이런 성과를 얻기까지는 마음고생도 많았다. 유랑하듯 이 학원 저 학원을 다니던 초기에는 도대체 내가 무슨 짓을 하나 싶기도 했다. 나보다 대여섯 살씩 어린 학생들과 함께 앉아서 영어수업을 듣는 내 모습은 어색하기 짝이 없었다.

더욱이 여러 수업과 선생을 경험하기 위해 레벨도 속이고 들어갔으니 수업은 내게 정말 힘겨울 수밖에 없었다. 하지만 옆자리에 앉아 있던 한국 학생들과 이야기를 나누면서 나는 내가 생각하고 있던 많은 것들을 눈으로 확인할 수 있었다. 세상은 도전하는 자에게 언제나 어떠한 방법으로든 보답을 한다고 마음속으로 되새기고 또되새겼다.

개인적으로 하나 둘씩 아는 동생들도 생기기 시작했다. 그동안 친구 하나 없이 혼자 밥 먹고 혼자 일하고, 모든 걸 혼자 했는데 이제는 더 이상 나 혼자가 아니었다. 물론 동생들이었지만 그들은 내게 친구 이상으로 큰 힘이 되었다. 나는 나름대로 외로움에 익숙한 녀석이라고 자부하고 있었다. 개인주의적인 성향이 강했기 때문에 혼자라서 외롭다고 느꼈던 적이 별로 없었다. 오히려 그런 환경을 즐기는 편이었다.

그러나 막상 아무도 없이 나 혼자 이야기하고 답하는 세상에 두어 달 살다 보니 이건 참으로 죽을 맛이었다. 아무런 결과물 없이 하루 종일 혼자 다니다 늦은 밤 혼자 뒤적뒤적 밥을 차려 먹는 것이 그렇게 큰 짐일 줄은 몰랐다. 그런데 이때부터는 어쨌거나 친구들이 하나 둘씩 생겨나기 시작했다.

덧붙이자면 이 학원 유랑에서 나는 소중한 사람들을 얻었다. 밴쿠버에서 제일 친한 동생이 되어버린 경환이란 후배는 첫 번째 샘플 강의에서 내 옆자리에 앉았던 녀석이다. 물론 첫 접근은 다분히 의도적이었다. 인상도 좋아 보였고, 내 사업의 정보원이랄까 아무튼 사전 조사에 도움을 얻으려는 생각으로 접근한 것이었다. 하지만 후에 마음을 터놓는 친한 동생이 되어 밴쿠버를 떠나기 전까지 내게 큰 힘이 되어주었다.

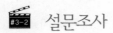 설문조사

앞에서 잠깐 언급했듯 내가 다녀본 70여 개의 학원들에는 한 가지 공통점이 있었는데, 바로 강의 프로그램이 모두 동일하다는 것이었다. 차별화가 없다는 말이다. 가보지 못한 다른 어학원도 사정은 마찬가지일 게 뻔했다. 밴쿠버에는 200개가 넘는 학원이 존재하지만

모든 학원이 똑같은, 차별화가 없는 시장! 이 얼마나 해괴망측한 시장인 동시에 매력적인 시장이란 말인가.

서울 강남역 주변에 유사한 가격에 거의 유사한 메뉴를 서비스하는 중국음식점이 200개나 있다고 상상해보자. 미친 것이라고 생각할 수밖에 없지 않겠는가.

중요한 건 그렇게 유사한 학원들이 200개나 있음에도 불구하고 잘 돌아가고 있다는 점이다. 다른 측면으로 보자면 그만큼 시장이 크다는 의미이기도 하다. 차별화 없이도 200여 개의 학원이 살아남을 수 있을 정도로 큰 시장이 바로 밴쿠버 어학연수 시장이었다.

이 점이 내게는 희망적이었다. 그렇게 큰 시장에서 특화된 학원이 없으니 혹 내가 '차별화한 프로그램의 획기적인 학원을 만든다면 성공하지 않을까' 라는 생각이 든 건 너무나 당연한 이야기가 아닐까. 두 달 동안의 경험을 통해 나는 어학연수 시장에 분명 틈새가 존재한다고 확신하게 되었다.

'그렇다면 이 확신을 더욱 확고하게 해줄 무언가가 필요하다.'

이런 고민 끝에 나온 게 설문지였다. 내 생각이 진정으로 맞는지 재차 시장에서 확인하고 싶었다.

이틀 밤을 꼬박 새워 유학생들이 학원을 결정하는 과정에서부터 현재 만족도, 좋아하는 선생님, 적정 가격 등 학원에 관한 모든 내용이 포함된 학원 사업 설문지를 완성했다. 그리고 설문지를 들고 무작정 거리로 나갔다.

나는 상당히 들떠 있었다. 구원의 동아줄이라고나 할까, 여하튼 이 설문조사가 현재의 지지부진한 상황을 획기적으로 전환시킬 수 있는 계기가 되어줄 것이라 생각했기 때문에 의욕도 넘쳐났다.

처음에는 영어로 설문지를 만들었다. 우선은 어학연수생들이 자주 모이는 곳 중 하나인 중앙도서관을 찾아갔다. 밴쿠버 중앙도서관에 오는 사람들 중 거의 절반은 어학연수생들이고, 현지 대학생들이 30% 정도, 그리고 나머지가 일반인이라고 보면 된다.

도서관의 커다란 로비에서 무작정 동양인으로 보이는 학생들을 붙잡았다. 한국인들에게는 "학원을 시작하려 한다, 좀 도와달라, 좋은 학원을 만들 수 있다면 만들어보겠다"고 설명하며 설문지를 부탁했다.

한국인들의 반응은 괜찮았다. 열 명 중 일고여덟 명은 흔쾌히 설문에 응답해 주었으니 말이다. 영어로 작성되었을 뿐만 아니라 내용도 A4 용지 넉 장이나 되다 보니 20~30분은 족히 걸리는 설문이었지만 그들은 친절히 내 설문에 응해주었다.

그에 비해 일본인, 중국인, 남미인, 유럽인 등 기타 국적의 사람들에게 설문지를 받아내는 건 쉬운 일이 아니었다. 특히 일본인들은 거리 홍보물 또는 설문지에 대해 극도로 냉담한 반응을 보였다.

일본인들은 일단 거리에서 제공하는 광고지나 유인물을 결코 받지 않는다. 열 명 가운데 한두 명 받으면 꽤나 성공률이 높은 편이라고 할 수 있다. 반면에 한국인은 대부분 군말 없이 받아든다. 이건 어느 국적의 사람이 나눠주느냐와 전혀 관계가 없다. 좀 더 정확히 말하자면 한국인들은 나눠주는 사람의 국적에 따라 반응이 차이가 약간 있긴 하지만 일본인들은 일정하다. 누가 나눠주든 거의 "NO!"라고 보면 된다.

가깝지만 먼 나라 일본인과 한국인의 그런 차이는 왜 발생하는 것일까? 나 역시 설문지를 나눠줄 때뿐만 아니라 나중에 학원 홍보물을 배포하는 과정에서 고생한 터라 친한 일본인 친구에게 그 이유를 물었다. 그의 대답이 의미심장했다. 물론 귀찮다는 게 첫 번째 이유였지만 그의 다음 말이 귀담아 들을 만했다.

"광고지를 받는 한국인들 중 대부분은 그 전단지를 보지도 않고 길이나 쓰레기통에 버려. 읽지도 않을 것들을 도대체 왜 받는지 이해가 안 돼. 안 볼 것을 왜 받지? 이건 종이 낭비이고, 또 광고지를 나눠주는 사람을 근본적으로 도와주는 일도 아니라고 생각해. 그들의 목표는 광고지를 나눠주는 것이 아니라 그것을 통해 무엇인가를 알리고자 하는 것이잖아. 그런데 보지도 않을 거면서 왜 받아? 그럴 이유가 전혀 없어."

그의 말을 듣고 순간 정신이 멍해졌다. 관점의 명백한 차이가 느껴졌기 때문이다. 한국인들도 그런 근본적인 이유야 잘 알고 있을 것이다. 다만 한국인들은 '저 사람 힘들겠네' '돈 드는 일도 아닌데 하나 받아주지 뭐' 이렇게 생각할 뿐이다. 그리고 우린 그것을 '정情'이라 부른다. 물론 누가 옳다, 그르다를 판단할 수 없는 부분이지만 그런 면에서 보면 일본인들은 참 정이 없다는 생각이 들었다. 그래서일까. 한국인 입장에서 일본인은 정나미 없는 인간들이고 일본인 입장에서 한국인은 비합리적이고 도통 이해할 수 없는 사람들인 게.

 새로운 목표

어쨌거나 그런 이유로 일본인들에게 설문지를 작성하게 하는 일은 쉽지 않았다. 한국인을 대상으로 회수된 설문지는 40~50장을 넘어가고 있는데 그 외 국적의 학생들에게 받은 설문지는 열 장을 채 넘기지 못했다. 무언가 다른 방안을 모색해야 했다.

아무리 민족마다, 나라마다 사람들의 특성이 다르다 해도 모두 똑같은 사람이라는 점은 변함이 없다. 사람이라면 누구나 근본적인 감성이 같을 테니 감성에 호소하는 방식이 먹혀들 거라고 생각했다.

사실 많은 한국인들이 그 긴 설문에 응해준 것도 타국에서 설문지 한 장 들고 꿈을 위해 동분서주하는 내 모습이 안쓰럽기도 하고 또 기특해 보였기 때문이었을 것이다. 문제는 한국인들에게는 그런 사정을 자세히 설명할 수 있었으나 타국 사람들에게는 이 설명을 하는 데 한계가 있었다는 점이었다. 그래서 특단의 방법을 생각해 냈다.

나는 일본인 친구의 도움을 받아 일본어로 내 소개와 설문의 이유 등을 받아 적었다. 일본어도 모르는 내가 어떻게 받아 적었는지 궁금하신 분들은 중학교 때 팝송을 발음나는 대로 한글로 받아 적어 부르던 경험을 떠올리면 된다. 그 뒤 일본인을 만나면 상냥한 미소와 함께 준비해놓은 멘트를 그대로 읽었다.

반응이 냉담하다 싶으면 아주 애처로운 눈빛을 보내면서 말이다. 지금까지 영어로만 제작했던 설문지도 한국어, 일본어, 스페인어, 영어, 이렇게 4개 국어로 제작했다. 그리고 사람들의 언어에 맞게 설문지를 내밀었다.

사람들의 국적을 판별하기 위해서는 세심한 주의가 필요했다. 유럽계나 멕시칸들은 그들의 대화 내용을 엿듣다가 특유의 악센트나 자국어를 사용할 때 기회를 포착했다. 이것 또한 말은 쉽지만 실제로는 어려운 일이었다.

하지만 한국인과 일본인을 구별하는 건 퍽 쉬웠다. 특히 외국에서는 더욱 그렇다. 한국인과 일본인은 여러 면에서 구분이 가능한데 일단 여성의 경우는 화장법부터가 다르고 패션 스타일도 눈에 띄게 다르다.

때론 긴가민가한 사람들이 나타나는데 그럴 때는 최후의 수단으로 '걸음걸이'를 보면 된다. 보편적으로 한국인은 팔자, 일본인은 안장으로 걷는다. 아마도 성장 과정에서 어떤 식으로 업혔느냐와 같은 문화적 차이 때문에 생긴 듯한데, 구체적인 이유는 나 역시 잘 모른다.

친한 일본인 친구는 내게 농담 삼아 이렇게 묻기도 했다.

"도대체 왜 한국 여자애들은 왜 저렇게 팔자로 걷는 거야? 너무 터프하잖아."

어쨌거나 이렇게 방식을 달리하니 결과는 기대 이상이었다. 그렇게 냉담했던 외국인들이 신기하게 나를 쳐다보고 관심을 가져주기 시작한 것이다. 심지어는 자신의 친구를 데리고 와 설문에 응해주는 친구들도 생겼다. 그렇게 일주일을 고생해서 400장에 가까운 설문지를 받을 수 있었다.

나는 그 설문지를 내 나름의 방식으로 분석하고 데이터를 추출해서 나만의 정보로 가공했다. 필요하다 생각되는 모든 자료가 수치화되어 유용한 정보가 되었다.

그 정보는 어학연수 시 학원 정보 탐색부터 등록 결정까지 일련의 과정에서 학생들이 학원을 결정하게 만드는 주요 변수들, 선택 이후 현지에 대한 만족도, 밴쿠버 유명 학원과 강사 이름, 그리고 설문 응답자들의 개인정보까지 포함하고 있었다. 정말 좋은 자료들을 내 힘으로 수집했다는 것이 뿌듯했다.

아울러 나에게 더 힘을 준 건 설문 응답 내용들이 나의 예상과 큰 차이 없이 많은 부분 일치했다는 점이었다. 현지 학원 및 어학연수에 대한 학생들의 만족도가 매우 낮다는 것, 각 학교에 대한 프로그램과 학원에 차별화를 느끼지 못하고 있다는 것, 선생님에 따라 만족도의 차이가 크게 난다는 것, 제도와 프로그램 등의 개선을 원하고 있었다는 것 등이었다. 설문의 결과는 내게 확신을 심어주기에 부족함이 없었다. 학원 사업은 나의 또 다른 목표가 되고 있었다.

마이클,
그와의
당돌한 거래

＊

4

#4-1 작전 계획

설문 결과도 매우 긍정적이었고 내 스스로도 차별화만 제대로 된다면 성공할 수 있다고 생각했으나 학원 창업까지는 엄두가 나지 않는 게 사실이었다.

일단은 학원의 주요 경쟁력 변수 중 하나가 대형화란 생각이 들었다. 학생 수 400명이 넘는 학원이 대략 일고여덟 개쯤은 되는 현 상황에서 학원 시장에 플레이어로 직접 뛰어드는 것은 힘들다는 생각이 들었다. 학원 사업에 뛰어들고는 싶지만 직접 운영하기에는 가장 중요한 자금 문제를 해결할 방법이 없었다. 내가 가지고 있는 돈으로는 학원 사업을 시작하기에 너무나 미약했다.

그러나 핵심 문제가 자금에 있다고 생각하니 새로운 아이디어가 떠오르기 시작했다.

'내가 직접 학원을 운영할 수 없다면 기존의 학원을 통해 내 아이디어를 시도하면 되지 않을까?'

즉 학원과의 거래를 생각한 것이다. 그러자면 그들이 원하는 것을 내가 줄 수 있어야 했다. 그리고 생각 끝에 그들이 현재 간절히 원하는 것은 크게 두 가지라는 결론을 얻어냈다.

하나는 안정적인 학생 수급일 테고 또 다른 하나는 포화된 시장을 다각화할 수 있는 방법을 찾는 것이다.

물론 거꾸로 내게는 돈이 필요했다. 이렇게 정리하자 학원과의 협상이 가능하겠다는 생각이 들었다. 그들이 필요한 것을 제의하고 그들에게서 내가 필요한 것을 얻어 내자!

'그래, 그거다' 싶은 순간 나는 호랑이를 잡으러 호랑이 굴로 들어가기로 마음먹었다.

며칠에 걸쳐 사업계획서를 준비하고, 한국에서 가져온 가장 좋은 양복을 차려입은 채 집을 나섰다. 나는 치밀한 작전계획을 짰다.

"너희들 지금 안정적인 학생 수급과 시장다각화가 필요하지? 요즘 필리핀 시장이 엄청 커지고 있는 것도 알지? 그걸 위협으로 여기지 말고 생각을 전환해서 필리핀 시장에 투자해라. 물가도 싸고 학원 하나 내는 데 그리 큰돈이 드는 것도 아니다. 나를 필리핀 지사장으로 임명만 해준다면 내가 한국에 가서 필리핀의 너희 학교 상품을 팔아주마.

아울러 필리핀과 캐나다 현지 학교와 연계할 수 있는 프로그램도 개발하고 포화된 시장에 새로운 파이를 만들어보자는 거야. 너희들은 내게 월급만 주면 돼. 필리핀에서 얻는 수익도 네 것, 에이전시에 줘야 할 수수료도 네 것이다. 나한테는 월급만 줘.

아하, 그런데 너희들 나 못 믿지? 오케이! 내가 30,000달러 투자할게. 그럼 너희들은 투자까지 받는 거야. 단, 나도 믿을 것이 필요하니 10%든 20%든 너희들 지분을 조금만 내놔라."

나는 이런 식으로 대화를 이끌어가리라 마음먹었다. 그들은 분명 안정적인 학생의 수급과 팽창할 수 있는 또 다른 해외 시장을 원하고 있다. 내게 돈은 없지만 그들의 최대 시장인 한국 시장을 너무 잘 알고 있다. 수지타산만 맞는다면 나와의 계약을 마다할 이유가 없다. 게다가 30,000달러라는 투자금까지 덤으로 챙길 수 있지 않은가. 그들은 다만 신흥 어학시장에 투자할 약간의 돈과 지사장인 내게 주는 월급, 그리고 소수의 본사 지분만 양보하면 된다.

물론 그들은 해외투자금이 얼마나 되는지 또 얼마나 돌아올지 모두 치밀하게 계산하고 접근하려 할 것이다. 하지만 나는 자신이 있었다. 내 사업구상은 누가 보더라도 혹할 만큼 매력적이라고 자부했다. 이 제의를 거부한다면, 넝쿨째 굴러들어온 호박을 차버리는 꼴밖에 되지 않을 것이다.

자신만만해진 나는 또다시 새로운 희망을 품고 발걸음도 힘차게 밴쿠버의 학원들을 점령하기 위해 진군했다.

 TLC 오너, 마이클과의 만남

"누구냐, 넌!"

영화의 대사가 아니다. 내가 직접 학원 측 사람들에게 받은 질문이었다. 내 생각과 달리 학원측이 가장 우려하는 건 우재오라는 사람, 그러니까 이 낯선 동양인이 믿을 만한 인물이냐 하는 점이었다. 걱정한 부분이었지만 생각보다 그 벽은 높았다.

사실 그쪽 나이로 내 나이 서른, 사업을 하기에는 애송이 같은 젊은 놈이 사업계획서에 좋은 양복 쫙 빼입고 투자에 대해 이러쿵저러쿵 이야기하고 있으니, 사기꾼으로 보기 딱 좋은 상황이었다.

처음에는 나를 경계하는 눈치더니 나중에는 아예 노골적으로 사기꾼 취급을 하기도 했다. 한국에서라면 내가 그런 취급을 받지는 않았을 것이다. 내가 졸업한 학교며 이런저런 이력이며 아는 지인들이며…… 나를 믿게 할 수 있는 여러 가지 무형적인 사실들을 열거했을 것이다.

하지만 캐나다에서 나는 그야말로 이방인이었다. 입장을 바꿔놓고 생각하면 쉽게 이해할 수 있는 일이다. 만약 필리핀의 한 젊은 친구가 한국에 와서 비즈니스 하겠다고 사업계획서를 들고 다니면서 매력적인 아이템이 있으니 조인하자 한다면 한국인들은 그를 어떤 눈으로 쳐다볼 것인가. 아마도 캐나다인이 나를 보던 눈과 그리 다르지 않을 게다.

비록 예상치 못한 반응이긴 했지만 나는 낙담하지 않고 내 진의를 알아줄, 내 사업계획의 무한한 가능성을 인정해줄 사람을 끈질기게 찾아다녔다. 그러던 중 내 제안에 매우 큰 관심을 보이는 이가 있었으니, 바로 마이클이라는 사람이었다.

마이클은 TLC The Language Center라는 중형 크기의 학원을 운영하는 오너였다. 나보다는 열 살 가량 나이가 많았는데, 마침 그는 기업 확장과 안정적인 학생 수급에 대해 심각하게 고민하던 차에 나를 만나게 된 것이다. 특히 그는 빠른 속도로 학원의 규모를 확대하는 데 매우 신경을 쓰는 듯 싶었다. 첫 인터뷰에서 그는 이렇게 얘기했다.

"나는 학원을 매년 더블 사이즈로 키우고 있습니다. 이런 스피드로 규모를 확장하기 위해서는 해외에서의 안정적인 학생 수급이 절대적으로 필요합니다."

그렇게 우리의 첫 미팅은 시작되었고 이후 두세 차례의 미팅을 통해 어느 정도 의견의 일치를 보았다. 드디어 내 계획을 실행에 옮길 분위기가 무르익고 있었다.

#4-3 마이클의 제안

마이클과 만난 지 열흘쯤 되는 날이었다. 그가 내게 술이나 한잔 하자고 했다. 그동안 많은 이야기가 진척되고 많은 것들이 합의점에 이르렀기에 나 역시 흔쾌히 응했다. 그 자리에서 나는 학원에 얽힌 놀라운 사실을 들을 수 있었다.

"사실은 한 5년 전쯤 한국인과 같이 이 학원을 시작했다. 조그만 사무실 하나 얻어서 동업을 한 거지. 정말 미친 듯이 일했어. 매일 새벽부터 밤늦게까지. 초반에는 길에 나가서 전단지도 뿌리고. 집으로 내가 가져간 돈이 없었어. 번 돈 그대로 재투자하고, 또다시 재투자하고.

그렇게 한 3년 했던가? 정말 빠르게 성장했지. 그 속도경영에 대한 믿음은 지금도 변함이 없지만 외형적으로 크게 성장한 학원의 내실이 어려워졌어. 더욱이 한국인 파트너가 지쳐가기 시작했어. 생각해봐. 한 3년을 일요일도 없이 매일 새벽부터 밤늦게까지, 더욱이 번 돈은 그대로 학원에 재투자하고 집에 가져가는 돈도 없이.

아내와 아이가 있던 내 한국인 파트너는 결국 가정이 파탄 나더군. 아내가 이혼을 요청했어. 그러더니 나가떨어지더라고. 그냥 지분을 포기하면서 자기는 더 이상 못하겠다고. 그렇게 그는 떠나갔어. 그가 떠난 후 설상가상으로 학원의 사정은 부도가 나기 일보직전까지 나빠졌어.

그런데 신은 날 버리지 않았지. 어찌나 운이 좋은지. 마크라는 한 미국인이 내게 제의를 해왔어. 마치 자네가 지금 찾아온 것처럼. 그리고 100,000달러를 투자하겠다고 하더군. 다운타운에 레스토랑도 두 개 정도 가지고 있고 또 여름에는 어린이를 대상으로 하는 영어 캠프도 운영하는 젊고 야심찬 사업가였어.

하지만 그 친구도 캐나다에서 비즈니스를 하다 보니 작은 문제가 생긴 거야. 미국인이 캐나다에서 사업을 하려니 세금 문제가 자꾸 걸렸던 것 같더라고. 그래서 그 친구가 해결책이라 생각해낸 것이 학원 투자였던 거 같아. 현금장사하는 학원 투자로 탈세도 좀 하고 자신이 진행하고 있는 영어캠프 프로젝트도 좀 키워보자는 생각이었던 거 같아. 물론 내가 운영하던 학원도 규모를 좀 키워볼 생각이었던 것 같고. 그것이 그에게 옳은 생각이든 아니든 나로서는 한줄기 빛과 같은 제의였지.

그런데 그 친구 제의가 지분의 51%를 달라는 것이었어. 결국 학원을 빼앗기는 것이었지만 난 학원을 사랑했어. 그리고 학원을 살리는 것이 그 무엇보다 중요했어. 난 현금이 너무나 필요했고 학원을 살리기 위해서 어쩔 수 없이 그의 제의를 받아들였지."

그의 수많은 이야기 중 내 귀에 들어오는 이야기는 오직 하나였다. 그가 오너가 아니라는 사실. 학원 스토리는 전혀 귀에 들어오지 않았다. 그가 지분의 49%를 가지고 있는 제 2의 주주이자 월급쟁이 사장에 불과했다는 사실. 내가 내 프로젝트를 딜할 상대는 마이클이 아닌 마크였다는. 좌절이란 단어가 내게 마구 밀려올 즈음 그가 내게 흥미로운 제의를 했다.

"내게 이 학원은 정말 의미 있는 장소야. 내가 모든 걸 만들었고, 내 지난 5년이 이곳에 고스란히 담겨 있지. 그런데 지금 이것이 내 것이 아니라서 말이지. 언제라도 다시 찾고 싶은 마음이 정말 간절했는데, 이번이 내게 온 마지막 기회인 것 같아. 내가 이렇게 솔직히

말하는 이유는 우리가 좋은 팀이 돼서 학원도 살리고 좋은 파트너가
되었으면 해서야."

  마이클의 이야기를 정리하면, 자신이 지분을 다시 찾아올 수 있게
도와달라는 것이었다. 그렇게 하면 내가 제안한 거래도 성사되고 그
와 내가 모두 윈-윈이라는 이야기였다. 물론 방법적으로 그가 어떻
게 지분을 되찾고자 하는 것인지, 또 내가 요구하는 제의들은 어떻
게 수용할 것인지 알 수 없었지만 그가 본질적으로 내 이야기에 동
의하는 것만큼은 사실이었다.
  하지만 나는 바로 확답할 수 없는 상황이었다. 새로운 프로젝트로
설레고 있던 내게 날벼락 같은 사실이었다. 대체 이게 무슨 일이란
말인가.
  마이클은 내게 또다른 고민을 안겨주고야 말았다. 인생은 이래서
재미있는 건지도 모른다. 항상 계획했던 대로 진행되지 않는, 어떤
변수에 의해 어떻게 진행될지도 모르는.

  그렇다면 나는 지금 무엇부터 결정해야 하나. 그가 무엇을 제의했
느냐는 둘째로 치더라도, 그가 믿을 수 있는 사람인가가 가장 큰 문
제였다. 입장이 바뀌었다고나 할까. 지금까지 나는 나를 믿어줄 사
람을 찾아다녔고 그런 사람을 만났다고 생각했다. 그런데 이제 반대
로 내가 그를 믿어야 하는지 말아야 하는지를 고민하게 된 것이다.
  또한 나는 그의 파트너에 대한 태도 역시 고려해보지 않을 수 없

었다. 이유야 어떻든 과거에 그의 학원을 살려냈던 투자자의 지분을 다시 뺏어오려 하는 사람이라면 뒷날 나에 대해서도 똑같은 태도를 취할 수 있지 않겠는가. 그는 매우 위험한 인물임에 틀림없었다.

그럼에도 불구하고 이 제의에 대해 쉽게 거절하지 못한 이유는 그의 제의와 무관하게 내가 바라던 것을 이룰 수 있으리라는 기대 때문이었다.

우선 그의 사업수완은 인정하지 않을 수 없었다. 마이클은 추진력이 대단했고 매우 영리한 사람이었다. 그러나 그가 자신의 지분을 되찾아 올 방법은 마크에게는 상당히 위협적이었으며 인간적으로는 정말 치사한 방법이었다.

그는 내가 확답을 주지 않았음에도 마치 모든 일이 성사된 것처럼 행동했다. 그는 자신과 자신이 데리고 있는 강사들 중 시장 내에서 꽤나 이름이 있는 강사 한 명(브라이언)과 나를 엮어 하나의 팀으로 만들었다.

한국 시장을 잘 아는 한국 사업가(재오), 유명한 강사(브라이언), 그리고 학원장 본인(마이클), 그리고 내 사업계획서를 가지고 그가 아는 돈 많은 부자 스티브를 찾아갔다. 그리고 팀을 팔겠다는 제의를 했다. 물론 지분의 51%는 자신이, 그리고 나머지 49% 중 대략 29%는 돈을 대는 스티브가 또 다른 20%는 나와 브라이언이 나눠 갖는 사업계획이었다.

물론 각각의 역할과 계약 조건은 다 달랐다. 그리고 그것을 결코 오픈하지 않았다. 대략 돌아가는 이야기만 할 뿐 단 한 번도 네 사람

전부를 한 테이블에 모으지 않았다. 여우같은 사람이었다. 자세한 건 모르지만 당시의 조건은 아마도 다음과 같았을 것이다.

	주로 얻는 것	주로 주는 것
스티브 (돈 많은 투자가)	지분 29%, 매년 투자회수금	$150,000
마이클 (현 원장)	지분 51%, 경영권	노동
재요 (본인)	지분 10%, 샐러리, 해외지사장 직	$30,000, 노동
브라이언 (유명강사)	지분 10%, 안정고용, 사업참여	$10,000, 노동

결국 이 게임의 최대 수혜자는 마이클이었다. 땡전 한 푼 들이지 않고 자신의 빼앗긴 경영권을 돌려받는 동시에 약 200,000달러라는 투자금도 챙기고, 해외지사에 훌륭한 인적 자원까지 합류하게 되니 그에게는 이번 기회가 자신의 표현대로 "일생에 다시 돌아오지 않을 매우 중요한 순간"이었다.

그가 영리하다고 생각하게 된 건 이런 과정을 지켜보면서였다. 하지만 내게도 상황은 매우 좋은 조건이었다. 투자금 30,000달러는 1년이면 내 샐러리로 돌려받을 수 있고 한국이든 필리핀이든 현지 학원의 '지사장'이란 직도 가질 수 있었기 때문이다.

그리고 그곳에서 1년이든 2년이든 일정 기간 일하면서 내 나름의 노하우와 평판을 만들어내고 나면, 그것을 바탕으로 내 사업을 하겠다는 계획도 있었다.

이런 걸 동상이몽이라고 하던가. 여하튼 내 입장에서도 이 조건은 단번에 거절하기 어려울 만큼 매우 매력적이었다.

 ## 계약 직전

내 마음의 90%는 마이클의 제안을 받아들이는 쪽으로 기울어 있었다. 다만 최종적으로 도장을 찍는 순간까지 확실히 확인해야 할 부분이 있었다.

내가 판단하기에 TLC는 스피드경영, 규모 확대경영이 핵심 경영전략이라는 면에서 절대적으로 자금 흐름의 안정성이 필요했다. 보통 급하게 회사를 키우는 상황에서 발생하는 자금 흐름의 불안정성, 그리고 연쇄적으로 발생하는 부도 사태, 그것이 불안했다. 더욱이 지난번 부도나기 직전까지 갔던 마이클의 경력이 걱정되기도 했다.

결국 최종 계약 사인을 위해서 마이클에게 회계자료 감사를 요청했다. 대학 때 경영학을 공부했던 터라 아주 디테일한 회계 지식은 없더라도 매출, 비용, 수익, 감가상각, 투자, 자본 등의 기초적인 지식들은 알고 있는 상태였다. 물론 회계 과목을 좋아하지 않아 간신히 패스만 했던 게 후회되기는 했다. 이럴 줄 알았으면 좀 더 열심히 들어놓을 걸.

어쨌든 나는 숫자를 통해 경영 상태를 진단해보았다. 그리고 불행인지 다행인지 엄청난 문제점들을 발견하게 되었다.

건물임대료와 인건비 등 고정비용이 전체 비용의 90%가 넘는다는 점, 성수기와 비수기의 매출 차이가 두 배 이상 발생하는 점, 월·분기별 매출대비 비용이 일정치 못한 점…… 꼽자면 수도 없는 문제점들이 특히 지출 측면에서 도출되기 시작했다.

회계자료를 검토한 후 내린 결론은 나와 스티브가 자금을 투자한다 하더라도 이런 식으로 경영이 지속된다면 이건 밑 빠진 독에 물 붓기나 마찬가지라는 것이었다. 겉으로 보기에는 그럴싸하게 보였는데, 막상 내부를 살펴보니 해결해야 할 문제점들이 많았다. 일단 경영 상황은 정상이 아니었다. 이런 학원이 이렇게 번듯하게 운영되고 있다는 사실이 믿기 힘들 정도였다.

예를 들면 1월과 7월, 즉 성수기와 비수기의 매출 차이는 정확히 두 배였는데 운영비는 동일했다. 그것도 3년 내내. 수치적으로는 매출이 정말로 매해 두 배씩 증가하고 있었지만, 총 매출대비 비용의 비율은 더 증가하고 있었으며 전년에 있었던 25,000달러 정도의 적자가 올해도 개선될 것처럼 보이지 않았다. 25,000달러의 수익이 발생한다 해도 성에 차지 않을 노릇인데 오히려 마이너스 경영이 지속되고 있었던 것이다.

나는 내가 분석한 자료를 들고 마이클을 찾아갔다. 그리고 그에게 이렇게 제의했다.

"지금과 같은 경영 방식으로는 힘들다. 규모가 확대될수록 마이너스 정도는 더 커질 것이다. 이를 개선하지 않으면 투자금이 더 들어와도 장기적인 학원의 발전은 있을 수 없다. 이런 상황에서 지금의 투자는 일종의 응급처치 주사와 다를 게 없다. 아주 일시적으로 생명을 조금 더 연장시킬 수는 있지만 병을 낫게 할 수는 없다. 병을 근본적으로 고칠 수 있는 해결 방안이 필요하다."

그리고 그 방안으로 비용 축소, 즉 현재 학원의 규모를 축소할 것을 제의했다. 학원은 지나치게 컸다. 오직 여름 성수기에만 꽉 차는 학원인데 비수기에도 똑같이 그 규모를 유지했다. 한마디로 노는 공간이 많다는 것이다. 오로지 성수기를 위해 비수기에 그 공간을 놀리고 있을 이유가 없지 않은가.

그래서 나는 그 공간을 과감히 줄일 것을 제시했다. 아울러 불필요한 인력(선생)도 줄일 것을 제의했고, 대신 기존 선생들의 월급을 올려 서비스의 질을 올릴 것도 제시했다. 허나 이러한 제안은 그가 추구하는 양적 확대전략과는 상반되는 것이었다.

마이클의 협박

설령 내 제안이 옳은 것이라 해도 마이클의 입장에서는 자신의 경영철학을 포기한다는 의미일 테니 쉽게 받아들일 수 없었을 것이다. 어쨌든 내가 이처럼 마이클과 일을 진행시켜 나가는 동안에도 마이클은 오너인 마크와 치열한 '기 싸움'을 벌이고 있었다.

영리한 마이클은 무언으로 마크를 압박해갔다. 할부구매가 가능한 제품들도 모두 현금 일시불로 처리해버리는 식으로, 또는 기존의 모든 부채를 현금으로 상환하는 식으로 학원의 현금 상태를 '0'으로 만들고 있었다.

마이클의 속내는 이렇다. 현 학원의 통장 잔고를 제로 상태로 만든 후 다음달 1일을 기다린다. 1일이 되면 선생님 월급과 학원 건물 비용 등 모든 비용을 지불해야 하는데 통장 잔고가 없다면 학원은 결국 파산 상태가 된다. 유동성의 문제로 파산 상황을 만들어놓은 뒤 마이클은 오너인 마크를 이렇게 협박할 심산인 것이다.

"지금 현금이 없는 상황이다. 마크 당신이 선택할 수 있는 상황은 오로지 두 가지다. 투자금을 더 넣어 부도를 막거나 아니면 당신 지분을 내가 제시하는 아주 싼 금액으로 내게 팔거나."

이렇게 협박하면 오너는 단돈 몇 푼이라도 건지기 위해 사업체를 팔 수밖에 없다. 만약 사업체를 팔지 않고 다시 투자를 한다 해도 마이클의 입장에서는 자금을 끌어들일 수 있다. 그리고 다음 달에 유사한 행위를 반복함으로써 그를 다시 자극할 방법들을 찾을 수 있으니 결국 마크는 두 번째, 즉 지분을 파는 쪽을 선택할 수밖에 없다.

마이클은 그렇게 마크로부터 지분을 다 빼앗은 후 매수 대금은 스티브와 나 그리고 브라이언에게 조달되는 돈으로 갚으면 된다고 생각했을 것이다. 정말 치사하게도 영리한 사업가였다.

　그러나 그가 고려하지 못한 변수가 하나 있었다. 그건 바로 나였다. 내가 '계약보류'를 선언한 것이다. 나로서는 당연한 선택이었다. 내 경영진단에 대한 제안을 마이클이 반영하겠다고 약속하지 않는 한 그 어떤 결정도 할 수 없었다. 근본적인 해결책이 있고 회사가 안정적이라는 생각이 들 때만 들어가야 한다고 생각했다.

　더욱이 마이클을 믿을 수 없었다. 이 학원은 근본적인 변화가 필요했고 그것이 받아들여지지 않는다면, 그간 투자했던 시간이 아깝긴 하지만 굳이 내가 밑 빠진 독에 물을 채워 넣을 필요는 없지 않은가.

　상황은 연쇄적으로 파장을 일으키며 커져갔다. 스티브가 투자를 하려는 주요 이유는 해외 시장과 유학생들의 안정적인 수급에 있었는데, 그 키 플레이어인 내가 시간이 지나도 계약서를 주지 않자 그 역시도 무언가 이상한 느낌을 받았던 것이다. 그래서 스티브 역시 마이클과의 계약을 보류하고 있었다. 오로지 브라이언만이 사인을 한 상태였다.

　그러던 중 뜻밖의 사건이 일어났다.

마크의 선택

부도!

마크가 극단적인 방법을 선택한 것이다.

마이클의 협박에 굴하기는커녕 마크는 전격적으로 학원을 부도 처리해버리고 학원 문을 닫아버렸다. 단돈 몇 푼을 건지느니 자폭을 하겠다는 것이다. 마크가 그런 결정을 내린 가장 큰 이유는 아마도 마이클에 대한 인간적 실망 때문이었으리라. 한때 한 배를 타고 항해하던 동지의 등에 칼을 꽂는 비열한 인간 마이클에게 굴복하기 싫었을 것이다.

마이클은 무척이나 당황한 눈치였다. 그가 계획해놓았던 시나리오에 그런 상황은 존재치 않았다. 모두가 손해를 보게 되는 그런 비논리적인 선택을 할 거라고는 생각지도 못했을 것이다. 하지만 그게 바로 인생이었다. 누구도 예측하지 못한 결과가 나오는 길고 지루한 게임.

결국 승부수를 던진 마이클은 자기 꾀에 자기 스스로 넘어간 격이 되었다. 제 함정을 스스로 판 마이클이야 어쩔 수 없다 해도 진짜 피해자는 따로 있었다.

당시 그 학원을 다니던 학생들의 수는 얼추 100~150명에 이르렀다. 그 가운데 많은 학생들이 다음 달, 혹은 그 다음 달까지 학원비를 선불로 지불해둔 상태였다. 그런데 학원이 부도 처리되는 바람에 선불로 지불한 학원비를 돌려받지 못하게 되었다. 이런 피해자가 속출하자 지역 신문에도 기사화되면서 한동안 밴쿠버가 시끄럽기까지 했다.

마이클은 그간 그가 만들었던 학원이 문을 닫는 것과 동시에 그의 지분도 쓰레기가 되어 크게 손해를 입었고, 마크는 망한 사업가로 밴쿠버에서 매우 안 좋은 기록을 갖게 되었다. 나와 스티브, 그리고 브라이언은 닭 쫓던 개가 된 격이었다.

두 달간의 협상은 또다시 결과물 없는 인생 경험이 되고 말았다.

수억 원에 달하는 학원의 자산 가치는 한순간에 날아가버렸다. 어디 그뿐이랴. 두 달간 만들어놓은 협상과 사업계획들도 함께 날아갔다. 하지만 그건 어쩔 수 없는 일이었다. 내가 제어할 수 있는 영역 밖이었고, 또 나의 실수도 아니었으니 말이다.

다만 위안으로 삼을 게 있다면, 두 달 동안 지루하게 협상을 하면서 나름대로 훌륭한 협상력과 판단력을 보여주었다는 것이다. 그 점에 대해서만은 나 자신에게 좋은 점수를 주고 싶었다. 돈 주고도 얻기 힘든 이런 산 경험들을 할 수 있었다는 것만으로도 만족할 수 있었다.

하지만 더욱더 초조해지는 건 어쩔 수 없었다. 호언장담을 하고 밴쿠버로 온 지 6개월이 다 되어가고 있었다. 그동안 허송세월하지는 않았지만, 그 누가 이런 내 사정들을 속속들이 알 수 있으랴. 사람들은 오로지 결과물만으로 평가하지 않던가. 그런 관점에서 본다면 난 지난 6개월을 그저 허송세월하며 보낸 것과 다르지 않았다.

가끔 집에 전화를 할 때면 전화기 너머 한국에서 들려오는 어머니의 목소리에 전보다 더 걱정이 배어 있었다.

"이제는 돌아오지 그러냐?"

가출한 10대 청소년이라도 되어버린 것 같은 기분이었다. 떠나올 때 했던 그 오만방자했던 말들과 선후배들의 얼굴, 그리고 무엇보다 이렇게 돌아갈 때 날 보고 통쾌하게 비웃을 사람들까지 떠올랐다. 이렇게 돌아가면 두고두고 사람들 사이에서 회자될 게 분명했다. 이런 생각이 들자 더더욱 초조해지기 시작했다. 초조함이 내부의 적이라는 걸 깨닫기까지는 또 다른 경험이 필요했다.

산 넘어 산

*

5

내 안의 적을 경계해야 한다는 건 누구에게나 해당되는 말이다. 나 역시 내 안의 적을 경계해야 했다. 조급함과 초초함. 나도 바로 그 순간 그랬다. 이제는 뭔가 만들어내야 하는데. 이룬 것 없이 6개월이 지났고 내 비자는 앞으로 6개월이 남았고, 남들은 내가 이곳에서 허송세월을 보낸 줄만 아니 이렇게 들어갈 수도 없고……. 남의 시선을 떨쳐버린다는 건 생각보다 어려웠다.

내가 가지고 있던 초기 자본금 60,000달러는 매달 1,200달러를 쓴다 해도 넉넉히 4년을 쓸 수 있는 돈이다. 하지만 섣불리 움직이면 몇 개월도 못 가 없어질 수 있는 돈이기도 하다. 많다면 정말 많고 적다면 정말 적은 돈이다. 돈이란 그런 것이다.

'부자는 버는 것보다 지키는 것에 더 신중하다' '투자는 보수적으로 하라' …… 귀가 닳게 들은 이야기였지만 이 원칙을 지킨다는 건 쉽지않았다. 나를 지켜보고 있을 뭇 사람들의 눈도 그러하거니와, 나 스스로에게 쫓기다 보니 결국 그런 소중한 투자 원칙들은 다 뒷전으로 밀려났다.

마음이 급하다 보니 학원도 별 것 아니라는 건방진 생각이 들었다. 마이클과의 협상 과정에서 느낀 감정도 그런 결정에 크게 한몫했다. '저런 녀석도 학원을 차려 저렇게 만들었는데 나라고 왜 못할까' 라는 생각이 머릿속 한편으로 자리 잡기 시작했다. '그래, 차라리 내가 한번 해보자!' 이런 생각으로 그때 조사했던 설문자료들을 다시 뒤적이며 학원 오픈을 준비했다.

첫 번째 생각의 기본 토대는 설문자료였다. 맨 처음 생각한 것처럼 차별화가 필요했다. 이 시장이 포화 상태에 있지만 200여 개의 학원이 모두 동일하므로 내가 차별화된 상품을 내놓기만 한다면 결국은 1대 200이 아닌 1대 1 싸움이 아니겠는가. 그리고 고객은 새로운 상품으로 이동할 것이다.

설문 결과에 따르면 학원에 대한 만족도, 그리고 학원을 선택하는 중요 조건들의 순위는 다음과 같았다.

학원만족도를 결정하는 변수	학원을 선택하는 요인
1. 프로그램	1. 프로그램
2. 클래스 내 학생들의 국적 비율	2. 클래스 내 학생들의 국적 비율
3. 선생님 수준	3. 선생님 수준
4. 클래스 크기	4. 클래스 크기
5. 가격	5. 가격 외 어학원 추천, 친구 추천 등

물론 무엇이 우선순위라고 말하기는 어렵고 모든 요소들이 비슷한 정도로 고려되었다. 나는 이 설문 결과를 믿었다. 내가 고객을 직접 만나고 얻은 데이터들이 아니었던가. 그래서 좋은 프로그램, 각국 학생 비율의 다양화, 좋은 선생님, 작은 클래스, 저렴한 가격 요건 등을 갖춰 만든다면 당연히 소비자 만족도가 높아질 것이고 그렇

게 되면 학생들도 추천하고 유학원도 추천하는 그런 학원이 될 것이라 생각했다. 그것이 차별화고, 그렇게만 된다면 베스트 상품이 될 것이라 믿어 의심치 않았다.

![#5-2] 선생 사냥

무엇을 차별화해야 할지 방향을 잡았으니 이제 '어떻게?' 라는 방법적인 문제로 이어졌다. 소비자가 반응할 수 있는 중요 변수들을 찾았으니 이를 타 학원들과 비교해서 개선하고 소비자가 요구하는 방향으로 유지해간다면 반드시 성공할 수 있을 것이라 생각했다.

가장 우선적으로 생각해야 할 변수는 아무래도 선생이었다. 사실 위에 거론된 주요 변수들의 중심에는 선생이 있었다. 그래서 좋은 선생님을 찾는 것부터 시작했다. 제일모직 재직 시 하나 정말 배운 것이 있다면 그것은 사람이었다.

사람, 사람을 사냥하라!!

나는 지난 6개월 동안 10,000달러 가까이를 생활비로 쓴 상태였다. 남은 돈은 이제 40,000달러, 학원을 오픈하기에는 어림없는 돈이었다. 이미 TLC 회계 상태를 점검하면서 인건비와 건물 임대료가 학원 사업에서는 정말 큰 비중을 차지한다는 걸 미리 확인한 상태였고, 나 스스로 무엇보다도 인건비를 줄여야 한다는 것을 잘 알고 있었다.

더욱이 학원 오픈도 하지 않은 상태에서 프로그램을 개발하겠다고 선생부터 찾는 상황인데 당장 채용하고 내일부터 월급을 준다면 오픈도 하기 전에 파산할 것이 뻔했다. 선생들의 급여는 보통 월 2,000~2,500달러 정도였으니 만만찮은 돈이었다.

그런데 사람이 정말 훌륭한 건 학습효과가 있기 때문이 아닐까. 나는 마이클에게서 배운 수를 활용하기로 마음먹었다. Share, 지분을 이용하라! 그러면 내 초기 자본금의 부족분을 대체할 수 있을 것이다. 나는 이렇게 계획을 세웠다.

선생 두 명을 고용한다. 한 명당 20% 지분을 부여한다. 그리고 협상을 한다. 학생이 등록하면 그 수입은 우선적으로 건물 임대료로 지불한다. 그리고 추가 매출분에 한해서 선생들에게 월급을 지급하겠다. 즉 옵션 성 계약이다. 수익이 나면 월급이 있고 없으면 무보수 유 노동, 뭐 그런 계약. 그들이 매력을 느낄 부분은 20%의 지분이다. 가능성을 믿는다면 참여하라. 즉 우선적으로 지분을 부여하고 월급은 매출에 한해서 추가로 지급될 수 있는.

산술적으로 그리 어렵지 않은 가능성이 있는 숫자놀음이었다. 당시 학생 한 명당 등록비가 우리 돈으로 한 달에 1,000달러 정도였으니 건물임대료를 약 3,000달러로 예상한다면 세 명만 모아도 그 다음부터는 자신들 월급이 발생하는 것이었다. 그리고 열 명을 모으면 자신들이 원래 받던 수준의 월급이 떨어진다. 이 커다란 시장에서 겨우 열 명. 선생들도 생각하리라. 나와 같이 낙관적으로.

이런 안을 작성한 후 호랑이를 잡으러 나섰다. 지난번 설문조사 자료에서 밴쿠버 유명 강사 명단을 받아 따로 정리한 데이터가 있었다. 학생들이 추천한 유명 강사들은 약 40명 정도였는데 각 학원은 보통 유명 강사들을 한두 명 정도는 어김없이 보유하고 있었다. 나는 그들을 찾아 나섰다.

📽️ #5-3 카할과 스티브, 한 배를 타다

선생들과 만나기 위해 또다시 각 학원의 샘플강의를 들어야 했다. 어차피 학원 시장조사를 하기 위해 샘플강의를 들은 건 한 4개월 정도 지났고, 설마 학원 관계자들이 이 아시아 사람 얼굴을 기억할 수 있을까. 간이 배 밖으로 나온 상황이었다. 그리고 또다시 학원 유랑이 시작됐다. 하지만 이번에는 보다 재미있는, 선생 사냥 게임이었다!

나는 수업을 들으며 선생들을 유심히 관찰한 후 수업이 끝나면 어김없이 선생에게 할 말이 있다며 살며시 다가갔다. 그리고 나지막한 목소리와 종이 한 장—사업계획서—을 넌지시 건네며 설득하기 시작했다. 그렇게 만나길 스무 명 정도.

동서를 막론하고 가정이 있는 사람들은 역시 모험을 꺼리고 현실적이었다. 좋은 강사라 생각되어 오퍼를 제의한 사람 중에 30대 후반에서 40대 선생들은 열이면 열 모두 정중히 거절했다. 가정이 있는 터라 모험을 할 수 없다고. 그러면서 나와 같은 나이의 젊은 친구들을 한번 찾아보라고 조언을 해주었다.

그러던 중 한 친구를 만났다. 카할 오브라이언_{Cathal O'Brien}. 유달리 내 제안에 관심을 보이던 그 친구. 영어교육의 문제점에 대해서도 많은 부분 동감하고 있는 사람이었다. 나는 그에게 내 사업계획을 설명해주었다.

사실 내게 무슨 거창한 기업철학이 있는 건 아니다. 내가 사람을 만나는 방식은 솔직함이다. 나는 지금도 근본은 사람이라고 생각한다. 사람이 하지 않는 일이란 없다. 그러므로 사장이 즐겁고, 직원이 즐거워야 좋은 상품이 나오는 것이다. 서비스업에서는 특히 그렇다. 직원들이 만족하지 못하고 즐겁지 않은데 어떻게 좋은 서비스가 나오고 좋은 제품이 나올 수 있을까. 나는 솔직하게 이런 내 생각을 그에게 털어놓았다.

"나는 즐겁기 위해 사업한다. 아울러 나와 같이 일하는 친구들도 즐겁게 일했으면 좋겠다. 매일 앵무새처럼 책에 있는 거 읽어주는 선생질은 나보고 하라 해도 진짜 짜증날 것 같다. 선생으로서 즐길 수 있는 수업을 만들자. 그럼 학생도 즐거울 것이다. 그게 내가 당신에게 해줄 수 있는 첫 번째 약속이다. 두 번째 약속은 정말 좋은 학원을 같이 만들어보자는 것이다. 밴쿠버에 있는 학원들은 돈에 눈이 멀었다. 진정으로 좋은 프로그램과 선생님으로 학생들을 위한 학교를 만들어 보자. 마지막으로 내가 제시할 수 있는 약속은 내가 버는 걸 함께 나누겠다는 거다. 나는 지금 젊고, 돈보다는 내 이름과 커리어가 더 중요한 시기다. 넘버 원 연봉은 내가 아니라 선생이 되게 만들겠다."

카할은 첫 미팅에서 바로 답을 주지 않았다. 좀 더 생각해보기로 하고 헤어진 후, 일주일 만에 그에게서 연락이 왔다.

"I am in."

그가 참여 의사를 밝혔을 때 난 정말 기뻤다. 진정한 마음은 인종과 국경을 뛰어 넘는다고 확신할 수 있었다.

카할이 팀원으로 참여했지만 여전히 선생이 한 명 더 필요했다. 그러던 중 친분이 있던 회계사가 내게 저녁에 파트타임으로 일을 하고 싶다고 했다. 물론 안정적인 수입을 원한다고 덧붙였다. 하지만 그건 내가 받아들일 수 없는 조건이었다. 앞에서도 이야기했듯이 월급을 주면서 사람을 고용할 만큼 내 자금 형편은 넉넉하지 못했다.

사정을 설명하고 그 친구에게 거절했는데, 그 친구가 자신은 좀 힘들겠지만 그런 오너 마인드에 그런 포지션이 있다면 아주 관심을 보일 친구가 있다고 말했다. 대만에서 영어 강사를 할 때 만난 친구인데 선생으로서의 자질도 뛰어나고 성실한 친구이니 만나보면 어떻겠냐고 제안했다. 그가 추천하는 사람이라면 만나봐도 괜찮을 것 같았다.

회계사가 소개해준 사람은 필리핀계 캐나다인인 스티브였다. 부모는 필리핀인이고 본인은 캐나다 태생인 필리핀계 2세였다. 성격도 밝고 한국에서 학원 강사 경험도 있는 사람이었다. 부산에서 영어 강사를 하며 1년간 거주한 경험도 있다고 했다. 한국에 대한 생각도 긍정적이었고 어린 시절 DJ로 활동한 탓인지 퍽 쾌활해 보였다. 여러 면에서 재미있는 친구였다.

좋은 느낌이었으나 사람을 단기간에 평가하는 일은 쉽지 않았다. 더욱이 성실성이 문제였는데, 그 문제를 거론했을 때 그는 하루에 세 시간씩 자면서 고학으로 대학을 졸업했다고 했다. 선뜻 믿기 어려운 이야기였지만 눈을 보니 거짓을 말할 사람은 아닌 듯했다. 아울러 또 다른 문제는 나는 그에게 호감이 갔지만, 실제로 선생으로서의 자질을 얼마나 지니고 있는지를 확인해보아야 했다.

그래서 선생으로의 티칭 스킬은 아는 동생들을 불러놓고 모의 강의로 점검했다. 약 30분 동안의 약식 강의였는데 동생들의 평가는 대체로 좋았다. 그날 저녁 그 데모 클래스가 나는 그리 만족스럽지 못했지만 고객이 좋다는데 어쩌겠는가. 나는 그를 선택하기로 마음 먹었다.

프로그램 개발하기

일은 계획대로 순조롭게 진행되고 있었다. 차별화된 선생을 구하는 데에는 일차적으로 성공했으니 이제 차별화된 프로그램을 만드는 일이 남았다. 우리는 프로그램 개발과 장소 물색에 들어갔다.

프로그램에 관한 건 큰 그림만 내가 그려줬다. 그리고 세세한 사항은 두 친구에게 맡겼다. 그 둘은 생계를 위해서 일을 아직 그만두지 않은 상태였다. 오전에는 다른 학원에서 일을 하고 있기 때문에 주로 오후에 그들과 회의하고 또 두 선생끼리 만나서 프로그램을 개발했다. 정말 만족스러웠다. 돈도 안 주는데, 월급도 어찌 될 줄 모르는데 그렇게 열심히 일하다니, 뿌듯했다. 사람을 움직이는 힘은 단순한 돈이 아니라는 생각이 들었다. 정말 이제 무엇인가 되어 가는 느낌이었다.

우리가 개발한 프로그램은 지금 돌아보아도 분명 대단한 프로그램이었다. 어학연수생들에게는 치명적인 문제점이 있었다. 학교를 한 3개월쯤 다니다 보면 학원 내에서 하는 영어는 아주 유창해진다. 선생님과는 문제없이 원활하게 대화하게 되고 학교 내에서도 이제는 꽤나 영어를 잘하는 것처럼 본인 스스로 느끼게 된다.

하지만 거리로 나오면 그들은 또 다른 좌절을 맛보게 된다. 그들이 학원 내에서 영어가 잘되는 것처럼 느끼는 이유는 본인들 영어에 선생님과 친구들이 익숙해졌기 때문일 뿐이다. 다시 이야기하면 주위 사람들이 본인의 콩글리시에 익숙해진 것이다. 내 영어는 그대론데 사람들이 내게 익숙해진 걸 영어에 능숙하게 된 걸로 착각하게 되는 것이다.

언어란 사실 사고를 전달하는 매개체에 불과하다. 사람을 알게 되면 그 사람이 이런 상황에서 어떤 반응과 말을 할 것이라는 예측이 가능한 법이다.

어학연수생들의 또 다른 문제는 학교에서 배우는 영어가 책 속의 영어라는 점이다. 우리 국어만 보더라도 그렇다. 우리가 국어시간에 배우는 언어, 아나운서들이 뉴스 진행할 때 쓰는 고운 언어들은 우리의 속어, 욕, 말 줄임, 사투리 등과 같이 일상생활에서 쓰는 속칭 말하기 언어와는 많은 차이가 있다.

영어도 마찬가지다. 아니 어떤 면에서는 영어가 더하다고 할 수 있다. 즉 바른 언어를 배우다가 구어체 언어가 쏟아지는 거리로 나오면 말하는 속도, 억양, 단어, 그 무엇에도 적응하지 못하는 사태가 발생하게 된다.

사실 앉아서 책 읽는 것을 목적으로 영어권 국가에 어학연수를 오는 친구는 없을 것이다. 듣고 말하는 능력을 개발하기 위해서 그 비싼 돈을 내고 오는 것 아니겠는가. 하지만 현실은 그렇지 않다. 대다수 어학연수생들이 그런 면에서 좌절하게 된다. 3개월이 지나도 6개월이 지나도 귀와 입은 터지지 않으니 말이다.

가장 좋은 방법은 한국말을 끊고 영어권 현지인과 하루 종일 붙어서 영어만 쓰는 것이다. 그 친구들이 일상에서 하는 말을 계속 듣게 되면 실력이 늘게 마련이다. 아주 간단하다.

하지만 어학연수생들에게 그런 기회는 쉽게 오지 않는다. 어학연수 중 현지인 친구 하나 만드는 일도 쉬운 일이 아니기 때문이다. 어학연수를 다녀온 친구들은 100% 내 이야기에 공감할 것이다. 물론 모두라는 표현은 하지 않겠다. 다수가 그렇다는 것이다. 드물게는 현지인들의 바다에 퐁당 빠져서 엄청난 영어를 구사하게 되는 친구들도 있다.

여하튼 그렇다면 어떻게 해야 하는가? 그나마 거리 영어를 아주 쉽게 접할 수 있는 방법은 대중매체에 있다. TV와 영화. 물론 매체에서 시청자로만 전달되는 일방적 방식이지만 최소한 귀를 뚫을 수 있는 방법이라고 할 수 있다. 그런데 귀가 뚫리면 자연스럽게 입도 열리게 된다. 그게 순서다. 나 역시 그랬으니까. 통째로 TV드라마를 외우던 친구의 엄청난 영어 실력 향상을 목격한 적도 있다. 영화 〈탑건Top Gun〉을 무려 60번 봤다는 친구도 있었다.

그러므로 프로그램에서 가장 큰 변화는 책 중심이 아닌 TV 중심의 수업이었다. 우리는 학생들이 보고 싶은 드라마를 선정하고 그걸 선생님이 녹화해서 수업을 준비하는 것으로 했다. 그러면 학생들은 문법, 단어, 발음, 쓰기, 듣기, 모든 것을 자신이 보고 싶어 하던 TV 프로그램에서 공부할 수 있는 것이다.

물론 이것도 설문을 기초로 한 내용이었다. 듣기와 말하기가 부족하다고 느끼는, 그러나 현재의 학원 수업에 불만이 많았던 소비자. 그리고 그들이 요구하는 듣기 · 말하기가 강조되는 작은 수업. 소비자가 원하는 제품이 탄생하는 순간이었다. 기존 학원들과의 차별화에도 성공했고 좋은 선생들도 세팅되었으니 이제는 성공을 기다리기만 하면 될 것이라 여겼다.

여기에서 한 가지 의문이 들 수 있다. 그럼 그렇게 좋은 프로그램들을 왜 기존학원들은 진행하지 않았을까? 돈도 많고 규모도 큰 학원이라면 더 수월하게 이런 프로그램을 진행할 수 있지 않았을까?

나 역시 처음에는 그 부분이 가장 의문이었다. 소비자들이 다 요구하는 그 사실을 나만 아는 것이 아닐 텐데 왜 다른 학원들은 시도하지 않을까?

내가 찾은 답은 의외로 간단했다. 사실 그런 프로그램이 전혀 없는 것은 아니다. ESL정규 코스 중 주 1회 정도 미국 드라마를 통한 영어학습을 하는 클래스도 있다. 그리고 보통 학원마다 해당 클래스는 매우 인기가 있다. 그렇다면 그것을 중심으로 진행되는 학원은 왜 없었을까?

문제는 준비 과정이다. 사실 책으로 진행되는 수업은 모든 것이 준비된 텍스트에다 그 외 인터넷만 검색해도 쉽게 찾을 수 있는 티칭 방법과 자료들로 이루어지므로 선생이 별 노력 없이 수업에 들어가도 된다.

하지만 내가 계획했던 프로그램은 처음부터 끝까지 선생이 모든 걸 새롭게 계획하고 작성해야 할 일이었다. 수업을 준비해야 하는 일의 양이 책으로 하는 수업과는 비교가 되질 않았다. 바로 그것이 문제였다. 기존 학원들이 선생들에게 그런 부담을 줄 수가 없었던 것이다.

더욱이 캐나다 어학원 선생들의 경우 보통 보수가 시급으로 결정되기 때문에, 만약 내가 생각했던 것과 같은 프로그램을 개발한다면 엄청난 양의 임금이 추가될 수밖에 없다. 수업을 준비하는 시간도 임금을 줘야 하기 때문이다. 큰 학원은 지금도 잘 되는 상황에서 굳이 변화를 시도할 필요가 없는 것이었고 작은 학원들은 선생들의 월급을 감당할 여유가 없었던 것이다.

모두가 생각할 수 있지만 현실적으로 그 누구도 섣불리 실행할 수 없다는 것, 그게 바로 내가 찾은 질문의 답이었다.

#5-5 장소 구하기

좋은 선생도 얻었겠다, 프로그램도 준비되었겠다, 이제 마음이 급해지기 시작했다. 건물을 빨리 찾아서 시작해야겠다는 마음이 앞섰다. 하지만 장소를 구하는 것이 생각처럼 쉽지 않았다.

우선 캐나다 BC British Columbia 주는 각 건물에 'Zoning'이라는 제도가 있다. 즉 각 건물마다 '용도 허가'가 시에 의해 규정되어 있는 것이다. 예를 들어 A 건물이 사무용 건물로 규정되어 있으면 그 건물은 사무실 외 기타 용도로는 사용이 불가능하다. 설사 다른 용도로 사용하려고 시도한다 해도 건물의 많은 부분—화장실, 비상구, 엘리베이터 등—을 변화시켜야 하기 때문에 건물주가 원치 않게 마련이다.

물론 경우에 따라서는 그런 건물 개조 비용을 세입자 부담으로 떠넘기는 일도 있다. 하지만 월세 3,000달러짜리 사무실을 얻기 위해 100,000달러씩 들여가며 남의 빌딩에 공사를 해줄 사람은 없을 것이다.

거기다 학원 용도 허가는 그 어떤 용도 허가보다도 까다롭다. 그래서 학원 용도의 빌딩 자체가 밴쿠버 내에 그리 많지 않았다. 마음은 급하고 하루라도 빨리 장소를 찾고 싶었으나 학원 용도로 나와 있는 사무실을 찾기가 쉽지 않았다. 프로그램의 뼈대는 전체적으로 완성되고 이제 장소만 구하면 꿈이 현실로 이루어지는 상황인데도 말이다.

장소를 구하는 방법은 크게 두 가지가 있다. 하나는 인터넷이나 기타 신문 등을 이용해서 직거래를 하는 방법이고 또 하나는 부동산 업자를 통해 거래하는 방법이다. 보통 집들은 직거래를 통해 거래하지만 사무용 부지나 장소 등은 부동산 업자를 끼고 한다.

그렇지만 한국처럼 작은 부동산이 밴쿠버에는 없었다. 다들 기업형 부동산인데, 이들이 건물주와 일종의 계약을 하고 큰 건물 계약부터 관리까지 모든 일을 진행하는 식이다. 나도 그런 부동산 회사를 통해 학원 장소를 구할 수밖에 없었다. 전화를 걸어서 장소를 묻고 필요한 평수와 위치 가격대 등을 이야기하고 나면 항상 그들이 묻는 질문이 있었다.

"외국인이냐? 학원 경력이 있냐?"

그리고 그들의 대답은 일정했다.

"지금은 매물이 없다. 매물이 나오면 전화해주겠다."

아무래도 그들이 내 신분과 경력을 문제 삼는 듯했다. 학원 계약부터 유지까지 문제가 생기지 않게 해야 하는 그들의 입장에선 당연한 반응이었다. 만일 나 같은 사람과 계약했다가 집세를 못 받는다든지, 혹은 어떤 문제든 불상사가 생기면 자신들이 책임—불확실한 신분의 사람과 계약했다는 책임—을 져야 하기 때문이다.

어쨌든 그렇게 알아보고 다니면서 나는 혼자서는 이 모든 일을 처리할 수 없음을 깨달았다. 물론 처음에는 선생들에게 프로그램을 만드는 일에만 전념하라고 하고, 나머지 일은 내가 알아서 하겠다고 했지만 혼자 힘으로는 역부족이었다. 내가 현지인처럼 언어가 유창하지 않다는 것, 그리고 외국인이라는 점은 노력으로 단기간에 극복할 수 있는 문제가 아니었다. 그래서 나는 카할과 스티브에게 학원 장소 알아보는 일을 도와달라고 부탁할 수밖에 없었다.

외국에서 사업을 한다는 게 어디 쉬운 일이랴. 내 나라에서 사업을 할 때보다 이중으로 부담을 느껴야 하는 게 현실이었다. 제품을 만들고 팔아야 한다는 부담도 힘겨운데 그 외 수많은 태클들이 나를 괴롭혔다. 법적으로는 사업체를 갖게 해놓았지만 막상 나 같은 작은 개미사업자가 자유롭게 사업을 할 수 없는 상황이 아니었다.

두 선생들에게 장소 구하는 일을 맡겨놓고도 마음이 편치 않았다. 역할 외의 일을 하게 만들었다는 부담감, 그리고 내 뜻대로 척척 시원하게 일을 진행할 수 없는 답답함 때문이었다.

몸 고생에 마음 고생…… 내가 지금 여기서 뭘 하고 있는 건가 싶었다. 집 생각, 가족 생각이 많이 났다. 그럴 때면 집 앞 바닷가에 가서 혼자 한 시간이고 두 시간이고 앉아서 이런저런 생각을 참 많이 했다.

#5-6 첫 번째 장소

선생들이 전화를 하기 시작하면서부터는 와서 매물을 보라는 곳이 많아졌다. 선생들과 농담하면서 "야야, 이건 인종차별이야!"라고 이야기하곤 했지만 사실 인종차별은 아니었다. 어차피 나는 그들에게 이방인이었으니까.

미국이나 캐나다와 같은 북미권 국가, 특히 이민을 통해 국가가 형성된 나라에서는 이런 일들이 종종 벌어진다. 이런 일을 직접 경험한 사람들의 경우 이것을 인종차별이라 생각하기 쉽지만, 사실 이는 인종차별이라기보다 그들의 태생적인 보호본능에 더 가깝다.

우리나라처럼 단일민족으로 형성된 나라에선 사람들의 특성도 거의 비슷하기 때문에 이것저것 보면 대충 이 사람이 어떻겠구나가 딱 나온다. 하지만 미국이나 캐나다 같은 경우 땅덩이도 크고 세계 각지의 유동인구가 상당히 많기 때문에 넋 놓고 있으면 사기 당하기 딱 좋은 동네라고도 할 수 있다.

물론 다양한 국적, 다양한 인종의 사람들이 모여 있는 것 자체가 문제 될 건 없지만, 중요한 건 서로가 서로를 믿을 수 없다는 사실이다. 특히 이방인이라면 더욱 더. 누가 아군이고 적군인지 구별이 안 되는 나라.

그렇다 보니 우리가 쉽게 느낄 수 있는 차별적인 행동들을 그들은 시시각각 행하지만, 사실 그들의 입장에서 보면 그건 차별이라기보다 자신들을 보호하는 행위다. 물론 당하는 입장에서는 기분이 더럽다. 나도 그랬으니까. 하지만 어쩌겠는가. 그게 세상인걸.

아무튼, 이곳저곳 보라고 하는 사람들은 좀 생겼는데 장소의 크기, 가격, 위치 등을 모두 살펴봤을 때 딱 맞는 곳을 찾기가 쉽지 않았다.

그렇게 학원 장소를 알아보기 시작한 지도 벌써 한 달이 훌쩍 지났다. 시간은 가고 실적은 없고. 선생들도 나도 슬슬 지치기 시작할 무렵, 우연히 웹사이트에서 학원을 헐값에 판다는 광고를 보게 되었다. 하늘은 스스로 돕는 자를 돕는다고 했던가. 우리는 광고를 보자마자 통화를 하고 한걸음에 달려갔다.

　장소도 내가 학원을 유랑할 때 보았던 곳이었다. 크기도 딱 원하는 크기였고 가격도 25,000달러에 내놓았는데 당장 내일이라도 학원을 시작할 수 있는 상황이었다. 물론 현재 학생은 하나도 없는 폐업 상태였으나 갖춰진 시설은 바로 시작해도 손색이 없을 정도였다. 나에게도 이런 기회가 오다니! 진정으로 뜻이 있는 곳에 길이 있도다!

　학원이 마음에 쏙 들었던 나는 선생들을 불러놓고 의견을 물었다. 선생들도 다들 흡족해했다. 강의실이 다소 작긴 했으나 100% 만족스러운 건물이 있을 리도 없었다. 더욱이 법적인 문제도 완벽했다. 명의이전만 하면 모든 것이 완벽했다.

　하지만 이번에도 직감이랄까, 너무 서둘러 계약해서는 안 된다는 생각이 들었다. 아마도 내 머리털 나고 처음으로 하는 계약이어서 그랬던 거 같기도 하다. 여하튼 시간을 좀 벌어야겠다는 생각에, 학원 주인인 셰인Shane에게 일단 금주 토요일에 모델클래스로 학원을 한 번 빌리자고 했다. 학생들을 불러놓고 가상수업을 해보고 나서 결정하겠다고 한 것이다. 셰인도 흔쾌히 승낙했다.

모델클래스

모델클래스가 한 주로는 부족할 듯싶어 나는 셰인에게 다시 한 번
더 부탁했다.

"선생이 두 명인데 두 명 모두를 테스트해보고 싶다. 너도 학원을
직접 경영해봤으니 선생이 얼마나 중요한지 잘 알 거라 생각한다."

나는 내 모든 상황을 솔직히 말했다. 그리고 큰 문제가 없는 한 계
약을 할 테니 걱정 말고 학원 활용 기간을 한 주에서 두 주로 연장해
줄 것을 요구했다.

그렇게 2주간의 시간을 받았다. 처음엔 학원 선택을 위해 시간을
벌 생각이었는데 하다 보니 선생 테스트가 우선이 되어버렸다. 모델
클래스는 각 주 토요일에 하기로 하고, 학생들은 주변의 아는 동생
들과 인터넷을 통해 모델클래스 무료수강신청을 받아 모았다.

첫 번째 주자는 카할!

학생들 반응은 매우 긍정적이었다. 세 시간짜리 강의였는데 수업
내내 전혀 지루하지 않았다고 했고, 실제로 동일한 프로그램에 같은
선생이 그렇게 수업을 진행한다면 학원을 다니고 싶다는 친구도 있
었다.

수정 요구 사항도 거의 없었다. 학원 위치나 환경에 대해서도 긍
정적인 반응을 보였다. 이것으로 나는 자신감이 충만해졌다. 됐구
나, 이제 건물을 계약하고 내일이라도 문을 열면 손님이 넘쳐나겠구

나. 드디어 고생한 만큼 결과 나오는구나. 나는 그렇게 생각했다.

그리고 한 주 후.

두 번째 주자 스티브!

세 시간 동안의 수업. 동일한 시간 유사한 학생들로 채워진 클래스에서 수업이 끝난 후 불평이 쏟아지기 시작했다. 만족하는 학생은 없었다. 모두가 불평했다. 심지어 한국 학생 두 명은 한 시간 반 후 쉬는 시간에 사라지기도 했다.

믿었던 선생에 대한 평가가 이렇게 나쁜 건 치명적인 사태였다. 차별화라 믿었던 선생 차별화가 이루어지지 않았다는 걸 뜻하기 때문이었다. 눈앞이 캄캄했다. 이번 주 모델 클래스가 끝나면 건물 계약 후 학원 오픈을 계획하고 있었는데 다시 수포로 돌아가는 상황일 뿐더러 '이 친구를 어떻게 해야 하는가' 라는 숙제까지 떠안은 상황이 되었다.

선생은 정말 중요한 부분이었다. 내가 만든 회사의 핵심 역량이라고 할 수 있었다. 더욱이 소규모 학원 형편상 선생을 교육시키고 그가 나아질 때까지 기다릴 여유도 없었다. 그러나 애초에 나의 경영 철학은 사람이라고 이야기해두었던 터라 그를 그냥 내칠 수도 없는 노릇이었다. 벌써 2개월 이상 같이 사업구상도 하고 프로그램도 개발했던 친구가 아닌가. 돈도 안 받고 일했던 친구를 그냥 자른다는 건 명분이 서질 않았다. 아울러 나 스스로도 그렇게 할 수 없었다.

어떻게 해야 하나. 혼자서는 답이 나오지 않았다. 나는 카할과 의논해보기로 했다. 그리고 비디오로 녹화한 스티브의 강의를 카할에게 보여주면서 그에게 물었다.

"스티브의 강의가 이랬는데, 학생들의 평가는 상당히 부정적이야. 어떻게 하면 좋을까?"

카할의 대답은 단호했다.

"잘라. 알다시피 우리의 경쟁력은 프로그램과 선생이잖아. 그런데 시장에서 그렇게 평가받고 어떻게 우리와 계속 같이 갈 수 있겠어? 더욱이 우리 회사는 지금 자금이 넉넉하지 않아서 여유 있게 사람 기다리고 가르치면서 운영할 형편이 안 돼. 미안하게 되었지만 어쩌겠어?"

카할이 이렇게 말했지만 나는 선뜻 결정을 내릴 수가 없었다. 딜레마에 빠지기 시작했다. 당장 건물 계약도 목전에 있었다.

 다시 원점으로

항상 시간이 문제다. 매 순간 결정해야 할 상황들이 닥치지만 사실 그때마다 '내게 시간이 조금만 더 있었으면……' 하는 순간들이 얼마나 많았던가. 즉 그때 그 순간 결정해야 한다는 바로 그게 문제가 될 때가 많다는 것이다. 당시에도 내게 가장 절실히 필요했던 것은 바로 시간이었다.

게다가 부동산업자는 내 신분을 핑계로 5개월 치의 보증금을 요구했다. 그러니까 약 25,000달러의 학원 인수비에 20,000달러의 보증금을 추가로 요구한 것이다. 보통은 2개월 치의 보증금을 내는 것이 원칙이지만, 내가 외국인이기 때문에 더 많은 보증금이 필요하다는 논리였다. 나로서는 예산에 없던 비용이었고, 동시에 매우 큰돈이었다. 물론 보증금은 5년 후에—계약기간이 5년이었다—돌려받는 것이었지만 초기에 자금이 넉넉지 않은 상황에서 20,000달러란 돈은 내게 치명적이었다.

관례적으로 캐나다에서는 신규 계약 시 1~2개월 정도 공짜 렌트를 준다. 그 기간은 공사기간이라 할 수 있는데 그 공사기간에 대한 비용은 건물주가 부담하는 것이다. 그런데 그 기간도 없이 계약을 하자는 게 아닌가. 당장 내일부터 계약하면 렌트비를 내야 할 상황에다 20,000달러의 보증금까지, 거기다 스티브는 또 어떻게 해야 한단 말인가.

나는 셰인에게 상황을 설명하고 현재로서는 계약을 확정하기가 힘들다고 이야기했다. 하지만 그도 나를 밀어붙이기 시작했다. 협상의 순간에는 쉽게 이용되는 다른 계약후보가 있게 마련이다. 셰인은 제시한 날까지 도장을 찍지 않으면 다른 사람에게 넘겨 버리겠다고 했다. 스티브 문제에 건물 계약 건까지, 또다시 중대 결정을 해야 하는 상황에 부딪혔다.

어쩔 수 없이 셰인과의 계약은 밀고 당기기를 지속했다. 학원 인수 비용을 낮춰보려고 애쓰기도 했고, 건물주와 공짜 임대 기간을 얻으려 노력해보기도 했고, 보증금을 낮추려는 노력도 해봤으나 별다른 성과를 얻을 수 없었다. 내가 원하는 계약 조건을 얻지 못할 경우, 다시 말해 그들이 요구하는 계약 조건으로 계약을 할 경우 나는 험난한 상황에 맞닥뜨리게 될 것이었다. 당시 50,000달러가 내 수중에 있었는데 이걸 계약에 다 쓰고 나면 운영비가 하나도 없으니 말이다.

결국 그렇게 기한을 넘겼고 셰인의 협박은 협박이 아니라 사실임이 밝혀졌다. 그는 내가 아닌 다른 사람과 계약을 해버렸다. 그렇게 어렵게 얻었던 학원부지는 다른 사람에게 넘어가버렸다.

🎬 #5-9 응급실에 실려 가다

셰인과의 계약을 파기하기로 결정한 바로 그 다음날이었다. 전날 셰인과 마라톤협상을 한 탓에 목이 많이 결려왔다. 외국인들과 힘든 계약 협상을 한 날 저녁은 항상 목이 많이 결리곤 했었다. 생각할 것도 많았고 언어적으로도 바짝 신경을 써서 그런지 유독 목 부분이 많이 뻣뻣해졌다.

그런데 그날은 유난히 좀 심했던 모양이다. 보통 자고 일어나면 좀 낫곤 해서 잠을 일찍 청했다. 그렇게 잠이 들고 다음날 아침에 눈을 떴는데 이상한 느낌이 들었다. 팔을 짚고 일어서려는 순간 고통이 밀려왔다. 목을 움직일 수가 없었다. 뭐라 표현할 수 없을 정도로 아팠다. 그 순간, '이제 어쩌나' 하는 두려움이 밀려왔다. 정말 당혹스러웠다. 일어날 수도 없었다. 손으로 좌우를 더듬으니 알람을 위해 놓고 잤던 휴대폰이 잡혔고, 급한 마음에 아는 동생을 불렀다.

그날 정말 그게 또 무슨 우연이었는지, 현관문을 잠그지 않고 잤던 게 천만다행이었다. 정말 죽으라는 법은 없는 모양이다. 여하튼 아는 동생이 놀라 달려왔는데 동생도 정말 놀란 눈치였다. 사람이 도통 움직이질 못하니 그럴 만도 했다. 동생이 목을 고정시키고 나를 일으켰다. 여전히 목은 좌우로 움직이질 않았다. 목을 움직이려고 하면 엄청난 통증이 느껴졌다. 생전에 그런 고통은 정말 처음이었다.

응급실로 옮겨진 나는 이런저런 검사를 받았다. 머릿속엔 오로지 한 가지 생각밖에 없었다.

'디스크가 왔으면 어떡하지?'

만약 목 디스크라면 이는 곧 아무런 실적 없이 고생만 진탕 한 채 '고 백 홈Go back home' 하는 것을 의미했다. 아픈 것도 아픈 것이지만 이렇게 한국으로 돌아가야 하는가라는 걱정이 나를 짓눌렀다. 그냥 죽으면 죽었지 빈손으로 돌아가고 싶은 생각은 추호도 없었다. 그렇게는 절대 할 수 없었다.

이런저런 검사를 한 후 의사는 디스크는 아니라 했다. 십년감수한 기분이었다. 의사는 예전에도 이런 증상이 있었는지, 혹은 최근에 무리한 운동을 했거나 혹은 심한 스트레스가 있었는지를 물었다. 내 이야기를 듣자 의사는 고개를 끄덕였다. 무리한 스트레스로 인해 어깨 근육이 심하게 뭉쳤고 근육 일부가 척추 주변의 신경을 눌러서 나타난 증상이라고 말했다. 신경을 건드리면 발생할 수 있는 일이니 당분간 스트레스 없이 좀 쉬면 좋겠다는 조언과 함께 근육 이완 주사를 놓아주었다. 주사를 맞고 한 시간쯤 지났더니 목이 좌우로 약 10도 정도씩 돌아가기 시작했다.

목 디스크가 아니었다는 사실에 대한 안도감과 아울러 다른 한편으로는 내가 도대체 이곳에서 무엇을 하고 있나 싶은 생각이 들었다. 먼 이국땅에서 대체 무엇을 위해 이렇게 스트레스를 받으며 살고 있는지, 내가 왜 이러고 있는지 답답했다. 가족 없는 타지에서 병으로 극심한 고통을 받게 된다면 아마 누구라도 이런 생각을 하게 될 것이다. 슬프고 서러웠다.

여담으로 덧붙이자면 그날 하루 병원비가 우리 돈으로 50만 원 정도였다. 카할에게 이야기했더니 안 내도 되는 돈이라 했다. "나 돈 없다, 알아서 하라"고 해도 캐나다 병원은 일단 의무적으로 치료를 해줘야 한다는 것이다. 캐나다의 의료복지 수준이 높다는 건 알고 있었으나 돈 없는 외국인까지 무료로 치료해준다는 이야기는 신선한 충격이었다.

말이 나왔으니 말인데, 캐나다의 의료복지 수준은 정말 대단하다. 캐나다 국민에게는 모든 진료비가 무료다. 심지어 MRI 같은 큰 비용이 들어가는 검사까지 모든 것이 무료다.

물론 그로 인해 발생하는 문제점도 상당하다. 예를 들면, 응급실은 항상 만원이다. 정말 시간을 다투는 위급한 환자인데도 응급실에 자리가 없어 문제가 된 사건을 목격하기도 했다. 또 MRI 같은 진료가 무료이긴 하지만, 그렇기 때문에 신청자가 많고 예약을 해도 보통 3~4개월은 기다려야 한다.

쉽게 이야기해서 진료에 대한 금전적인 부담이 크게 없다 보니 누구나 조금만 아프다 싶으면 그냥 병원을 가는 것이다. 결국 그 부담은 국민들의 세금 부담으로 돌아온다. 이런 상황은 효율성이라는 측면에서 보면 부정적인 측면이 없지 않다.

카할과도 이런 주제로 잠깐 이야기를 나눈 적이 있었는데, 카할도 비효율적인 측면은 인정했다. 하지만 그는 세계 어느 나라보다 잘 되어 있는 캐나다의 의료복지 수준에 절대 만족하고 있다고 말했다. 돈을 벌 때 세금을 많이 내는 건 오히려 저축 개념으로 생각하면 된다고 했다. 카할은 직업이 없을 때나, 혹은 돈을 벌 수 없는 노후에도 정부에서 나오는 보조금으로 살 수 있는 자신의 나라를 사랑한다며, 지금 내고 있는 세금이 전혀 아깝지 않다고 말했다. 그런 카할에게선 자기 나라의 복지 수준에 대한 자부심도 읽을 수 있었다.

그저 단순하게 국가가 선진 의료복지 수준을 갖추고 있는 것이 아니라, 국민이 자신이 살고 있는 나라의 정책을 자랑스럽게 여기고 자신의 국가를 사랑할 수 있는 곳. 그리고 그런 국민들이 모여 사는 국가. 솔직히 부러웠다. 돈만 벌면 해외로 이민 가고 싶다고 외치던 한국에서의 내 주변 사람들이 떠오르자 더욱 그러했다.

스티브와의 결별

건물임대는 무산되었으니 이제 남은 문제는 스티브였다. 결국 내 방식대로 해결할 수밖에 없었다. 솔직하게 터놓고 이야기하는 수밖에 더 좋은 방법이 있겠는가.

비가 주룩주룩 내리던 어느 늦은 저녁이었다. 나는 스티브를 동네 커피숍으로 불렀다. 스티브는 평소처럼 밝은 얼굴이었다. 그 얼굴을 마주 대하자 차마 입이 떨어지지 않았다. 차라리 당신을 해고하겠다, 이렇게 마음속으로 결정을 내린 상태였다면 말하기가 더 편했을지도 모른다. 하지만 아직 아무 것도 결정된 것은 없었다. 그냥 사실을 이야기하면서 말을 꺼내려 했을 뿐인데 그것조차 쉽지 않았다. 계속 쓸데없는 이야기만 꺼내자 스티브가 의아한 표정으로 물었다.
"왜 그래? 평소와 다르네. 혹 지난번 모델클래스에서 무슨 문제라도 있었던 거야?"
스티브가 정곡을 찌르는 바람에 나도 더는 돌려 말할 필요가 없게 되었다. 어쨌든 대화를 하다 보면 어떤 결론에든 다다르지 않겠는가. 나도 진지하게 이야기하기 시작했다.

"그래, 스티브. 터놓고 얘기할게. 사실은 그날 모델클래스 후 학생들의 불평이 수없이 쏟아졌어. 난 개인적으로 네가 참 좋은 사람인 동시에 좋은 선생이라고 생각해. 그런데 학생들은 널 좋은 선생으로 생각지 않더라고. 난 사업을 시작한 사람이니 소비자의 눈을 무시할 수가 없어. 시장이 아니라고 하면 나도 그것만큼은 변호할 수가 없어. 내가 돈이라도 많다면 고객의 요구를 만족시킬 만큼 네가 준비하도록 투자할 수 있겠지만, 너도 알다시피 그럴 수 있는 상황이 아니잖아. 그렇다고 해서 지난 몇 달간 함께 수고해준 너에게 그만두라고 말 할 수도 없고…… 모델 클래스 후 이 문제로 고민을 많이 했는데 답이 안 나와. 그래서 너와 직접 얘기해보면 답이 나오지 않을까 생각했어."

훗날 내가 한 말을 되짚어 보니 이건 숫제 대놓고 그만두라는 말이나 마찬가지였다. 스티브가 그만둬야 한다고 생각했음에도 불구하고 인간적인 정과 죄책감 때문에 그렇게 하지 못하는 걸 나도 모르게 그런 식으로 표현했을 뿐이었다. 그런데 내 말이 채 끝나기 전에 그가 답을 너무 쉽게 내려줬다.

"인종차별이야. 내가 필리핀인 2세니까 학생들이 그렇게 생각한 거야. 난 내 강의에 문제가 있다고 생각하지 않아. 이런 경험은 대만에서도 한국에서도 수없이 당했어. 그들은 내 피부 색깔로 나를 평가해. 난 캐나다인이야. 캐나다에서 태어났고 영어가 내 모국어야.

필리핀어보다 영어가 훨씬 편하고 익숙해. 그런데 내가 강의를 하면 사람들은 일단 색안경부터 쓰고 내 강의를 듣지. 생각해봐. 아무리 정상적인 것이라도 색안경을 쓰고 보면 정상적인 건 없는 거야. 다 티는 있는 거고 문제는 들추면 나오는 거야. 세상에 완벽한 건 없어. 카할은 뭐래?"

이쯤 이야기가 나온 판에 뭐 거르고 말고 할 것이 없었다.

"카할도 네 강의가 다소 부족한 감이 있다고 하더라."

스티브는 허탈하게 웃었다.

"후후. 학생들보고 색안경 끼고 카할 강의 들어보라고 해. 카할은 전형적인 백인에다 아이리시Irish 악센트까지 있으니 학생들이 색안경을 내려놓았던 것뿐이야. 내 입장에서 그 친구의 강의를 평가해보면 그 친구도 완벽하지 않아. 문제 많다고."

그 순간 이유야 어떻든 난 오히려 이 친구가 내게 답을 줬다는 생각이 들었다. 상황을 정리할 묘안이 떠올랐다. 모든 문제를 인종차별로 결론지으면 나도 죄책감을 느낄 필요 없고 그도 그의 직업적 업무능력 평가는 피한 채 모든 죄를 소비자의 인종차별로 떠넘길 수 있는 상황이라 생각했다.

"그래, 그렇게까지 깊이 생각해보지는 않았지만 네 말이 맞을 수도 있겠다. 아니, 이야기를 들어보니 그런 거 같네. 맞아. 그러나 내입장에서 어떻게 하겠어. 오해는 하지 말고 들어. 나도 너와 같은 유색인종이니까. 어쨌든 직업 특성상 그런 인종차별이 있다면 그건 사실일 거고. 소비자들이 그렇게 평가하고 받아들인다면 나로서도 어쩔 수 없는 노릇이잖아. 내가 모든 소비자를 교육시킬 수 있는 상황도 아니고. 학원을 열면 당장 학생을 받아야 한다는 건 너도 잘 알잖아. 더욱이 학원 경쟁력을 선생과 프로그램이라 생각하고 개발해온 터에 어떻게 하겠어?"

그는 한참 동안 더 이상 말을 잊지 않았다. 그리고 이렇게 말했다.

"내 피부색 때문에 받은 차별, 하루 이틀 겪은 것도 아니야. 어쩌겠어. 대만에서는 차별이 정말 심했어. 내가 캐나다인인데도 날 필리핀인으로 취급하고 차별하더라고. 후. 사실이 그런 걸 어쩌겠어."

문제는 이렇게 해결되었다. 서로의 감정을 상처 내지 않는 수준에서 자연스럽게 마무리가 된 셈이었다. 하지만 인간적으로 참 괴로웠다. 그간 열심히 일해준, 나와 뜻이 맞았던 스티브를 잃었으니 말이다. 최선을 다했던 내 팀원을 하차시킨 점, 더욱이 그 방법이 솔직하지 못했던 점, 그리고 사업이라는 것 때문에 인간적인 도의를 저버려야 했던 점……. 그동안 잊고 있었던 소주 생각이 간절했다. 그렇게 내 학원 사업은 뒷걸음질 치고 있었다.

계란으로
바위 치기

✱

6

구인 광고

캐나다는 사회적 소수자들이 자신들의 이야기를 터놓고 할 수 있는 나라다. 그리고 차별에 대해 무엇보다도 민감한 나라다. 예전에 어학연수를 하면서 머물렀던 적이 있어 그런 분위기라는 걸 알고는 있었는데, 막상 당하고는 너무 깜짝 놀랐던 일이 있었다.

첫 경험은 선생 채용 때의 일이었다. 정확하게는 필리핀 계 선생 스티브를 잃고 나서였다. 마음이 아팠지만 그렇다고 기운 빠져 있을 수만은 없었다. 학원은 오픈해야 했고, 오픈에 맞춰 우리와 뜻이 맞는 선생을 빨리 찾아야 했다. 다시 일일이 학원을 유랑하며 선생을 찾으러 다니기에는 시간이 부족한 상황이었다. 선생을 보충하기로 결정한 후 여러 방안들을 모색하고 실행했는데 그중 하나가 현지 웹사이트를 통한 방법이었다. 학원에 대한 간략한 소개와 찾는 선생의 조건, 보수 정도가 정리된 광고를 냈다.

그런데 다음날 이상한 일이 발생했다. 그 웹사이트에서 내 광고 게시물이 없어진 것이다. 웹 관리자에 의해 삭제되어 있었다. 구체적인 사유는 없이 여러 사용자들의 요구에 의해서 삭제되었다는 이유가 통보되었다. 나로서는 어리둥절할 수밖에 없었다. 그곳에는 많은 구인 · 구직 광고가 있었고 아무리 생각해도 사용자들에 의해 삭제될 만한 특별한 이유가 없었다. 나는 무언가 착오가 있는 거라 생각하고 다음날 다시 똑같은 광고를 올렸다.

다음날 항의 메일이 내 개인메일로 빗발쳤다. 처음에는 그 메일이 모두 선생님으로 인터뷰를 요청한 사람인줄 알았다. 그런데 막상 열어보니 그게 아니었다. 메일을 읽고 나서야 무엇이 잘못되었는지 알게 되었다. 나이였다. '20대 후반에서 30대 초반까지의' 선생님을 원한다는 부분이었다.

내가 나이 제한을 둔 이유는 이전 인터뷰 과정에서의 경험 때문이었다. 내가 생각하는 선보다 나이가 많은 선생들은 대부분 내가 만들 학원과 고용계약 조건에 대해 위험부담이 높다고 생각했다. 설문을 통해 얻었던 좋은 선생들의 리스트를 가지고 학원을 일일이 찾아다니며 만났던 바로 그때, 삼십 대 중반이 넘었던 선생들은 대부분 학원의 성공여부에 따른 피해, 즉 그 위험성을 참여할 수 없는 이유로 설명하곤 했다. 다시 그런 사람들을 인터뷰한다면 똑같은 상황이 벌어질 것이 분명했다.

그래서 내 딴에는 그 사람들이나 나나 아까운 시간을 허비하지 말자는 생각에 그렇게 적은 것이었다. 아울러 나보다 나이가 훨씬 많은 사람이라면, 나나 카할과 함께 일하는 데 불편함도 있을 것 같았기 때문이었다. 내 깜냥에는 상대를 배려하는 차원에서 그렇게 명시했던 것인데, 사람들은 그걸 나이로 차별을 한다고 받아들였던 것이다. 그날 하루 동안 대략 한 20통의 항의 메일을 받았다.

"너희 나라에서야 어떤지 모르겠지만, 여긴 캐나다야!"

"이 인간아! 지금은 21세기야!"

이런 메일을 받고 나니 크게 한 방 먹은 느낌이었다.

대한민국에 살면서, 구인광고에 나이 제한을 둔 것에 대해 한 번도 불공평하다, 차별이다라고 생각해본 적이 없었다. 세계 각지로 진출하고 있는 글로벌 기업인 국내의 대기업들도 신입사원을 뽑을 때 지원 조건에 나이를 명시하는 경우가 다수이지 않은가. 그리고 누구도 이에 항의하지 않는다. 아니, 혹 그런 생각을 갖고 있다 해도 불공평하다고 생각만 할 뿐 어떤 행동을 취하진 않는다.

그런 나라에서 살다 온 내게 이러한 항의메일은 정말 상상 밖의 일이었다.

이유야 어떠했든 공개적으로 나이를 언급하고 그들에게 기회조차 주지 않으려 했던 것은 차별이란 생각이 들었다. 사실 해당 업무만 놓고 본다면 나이는 선행 조건이 될 이유가 전혀 없었다. 물론 사전 경험이 있었지만 그건 내가 만났던 사람들이 그랬던 것이고, 그렇지 않은 사람도 어딘가에 있을 테니 말이다. 그런 사람들에게 내 생각은 그들의 나이 때문에 그들의 직업 선택과 도전의 기회를 박탈하는 불합리한 차별이었으리라.

그런 면에서 보면 내가 살았던 대한민국이란 동네는 아직도 우리가 인지하지도 못한 여러 정당한 의견을 무시하고 차별하는 것은 아닌가라는 생각이 들었다.

더욱 중요한 것은 차별이 행해지고 있는 그 사실에만 있는 것이 아니라 그 이후의 모습이다. 캐나다에서 그들은 내 광고를 웹에서 바로 내리고 항의성 메일을 보냈다. 그런 반박의 과정들이 인정되는 나라, 누구든지 자신의 이야기를 떳떳하게 할 수 있는 나라, 그리고 그것이 정당하다고 생각되면 사회적으로 그것들이 반영되는 나라. 힘이 있는 자의 이야기든 혹은 사회적 소수자들의 이야기든 관계없이 말이다. 우리나라에서 만약 그런 일로 누군가가 항의성 메일을 보냈거나 혹은 그 웹을 관리하는 이에게 그런 요구를 했다면 과연 어떤 반응을 보였을까. 기회의 평등과 차별이라는 것에 대해 깊이 생각하게 해준 경험이었다.

 게이들의 천국

문화의 다양성과 소수의 권리, 포괄적인 의미로 인권에 관한 이야기를 한 김에 한 가지 더 언급하자면, 밴쿠버는 게이들의 천국이다. 게이의 결혼생활을 합법적으로 인정하는 세계에서 몇 안 되는 도시들 중 하나이기도 하다.

내가 살던 아파트도 사실은 게이들이 많이 살고 있던 아파트였다. 물론 처음부터 알았다면 나는 그 아파트에 집을 구하진 않았을 것이다. 한참을 살고 난 뒤에야 캐나다인 친구가 내게 조심스럽게 물었다.

"너도 남자 친구를 찾고 있는 것은 아니지?"

깜짝 놀라 갑자기 무슨 말이냐 했더니, 내가 살고 있던 아파트가 게이들이 주로 사는 아파트여서 나도 혹시 그런 것 아닌가 했다는 것이다.

캐나다에서 만난 일본인 친구 '야스오'에 관한 이야기도 빼놓을 수가 없다. 나보다 네 살 어린 친구였는데 첫 만남부터 이 친구가 퍽 여성스럽다는 생각은 했지만 게이일 거라고는 짐작도 하지 못했다. 물론 게이는 여성스러운 백인에게만 어울리는 단어라고 생각했던 내 편견 탓이기도 하다. 그가 아시아인이기에 게이라는 가능성은 아예 배제한 채 그를 대했던 것이다.

시간이 흐른 뒤 이 친구의 행동이나 여러 가지 모습들이 일반적인 남자의 행동과는 거리가 있음을 깨달았다. 어렵사리 물었더니 그는 자신이 게이라고 답했다.

야스오도 자신의 성 정체성에 관해 고민을 많이 했다고 한다. 이성에 대한 관심이 한창일 사춘기 때에도 여자에 대한 호기심이나, 이성적 관심이 생기질 않았던 것이다. 오히려 친하게 지냈던 친구가 다른 여자를 좋아한다고 했을 때 서운했고, 화가 났다고 했다. 상식적으로 봤을 때 자신의 그런 모습이 정상은 아니었기에, 계속 자기의 본 모습을 누르려고만 했다. 고등학교를 졸업하고 이성과 접할 기회가 많아지면 달라질 거라고 생각하면서.

하지만 야스오는 달라지지 않았고, 스무 살이 되어서야 자신이 여성이 아닌 남성을 사랑한다는 걸 확실하게 깨달았다.

그런데 문제는 자신이 살던 환경이었다. 야스오의 아버지와 어머니는 모두 선생님이었다. 일본은 우리와 여러 모로 문화적 환경이 비슷한데, 부모님이 선생님인 가정은 우리네처럼 그 사회의 평균 이상으로 보수적인 성향을 갖는다.

게다가 일본 역시 우리나라처럼 게이에 대한 사회적 편견이 심하다. 물론 세계의 어느 사회에서도 게이를 일반인들과 동일하게 봐주지는 않겠지만 말이다. 심지어는 게이들의 천국이라는 밴쿠버에서도 분명 그들은 마이너이고 사회적인 차별도 엄연히 존재하고 있다. 그 정도의 차이가 다를 뿐이다.

일본은 우리나라와 비슷한 수준인 듯했다. 그래서 야스오는 자신을 억누르고 살았다. 자기 잘못도 아닌데 죄를 지은 사람처럼, 마치 큰 전염병이라도 걸린 것처럼 그렇게 떳떳하지 못하게 세상의 그늘에서 숨어 살았다.

그런데 밴쿠버라는 도시가 그에게 자유를 선물했다. 영어 공부를 하기 위해 밴쿠버로 왔는데, 영어 공부보다 더 큰 것을 얻었던 것이다. 야스오는 지난 26년 동안이나 숨겨왔던 자신만의 비밀을 이곳 밴쿠버에서 떳떳하게 공개했다.

야스오는 이제 자유롭게 남자 친구도 사귀고 그동안 꿈꿔왔던 사랑도 자유롭게 하는 당당한 사회 구성원이 되었다. 그는 정말 행복하다고 했다. 자신과 같은 소수의 이야기를 인정해주고 이해하려 하는 이 도시를 너무 사랑한다고 했다.

별것도 아닌 경험을 확대해석하는 건 아닌가라는 생각도 들지만,

내가 사랑하는 우리 나라를 돌아보지 않을 수 없었다. 세계 10대 경제 대국을 꿈꾼다는 둥, GDP 20,000불 시대가 다가오고 있다는 둥, 양적인 면에서 본다면 내일이라도 곧 선진국 대열에 합류할 것처럼 보이는 우리나라다.

그렇지만 아직도 수많은 사회적 약자들이 자신들의 인권을 보장받지 못하고, 무시당하거나 차별적인 대우를 받고 있다. 소수의 이야기를 들어주고 귀 기울여줄 여유가 없는 우리 사회가 진정으로 선진 사회가 될 수 있을지 의문이다.

갈등의 시작

스티브와 헤어지고, 또 건물 계약도 수포로 돌아가면서 우리는 이제 어찌 보면 다시 원점으로 돌아간 셈이 되었다. 선생도 한 명 더 찾아야 했고 장소도 구해야 했다. 순서대로 하자면 먼저 선생을 구하고 다음으로 장소를 구해야 했다. 하지만 초반과는 상황이 많이 달랐다.

초기에 두 선생은 기여도가 얼추 비슷했다. 프로그램도 같이 개발하고 일주일에 두세 번 밤늦은 시간에 전략회의도 같이 했다. 그러나 만약 지금 한 사람을 채용한다면 그 사람은 프로그램이 이미 다 준비된 상태에서 합류하게 되는 것이므로 카할과 같은 조건을 제시

한다면 카할이 반발할 가능성이 컸다.

그러므로 25%보다 낮은 지분에 무일푼으로 일할 친구를 찾아야 했다. 채용 조건이 처음보다 더 어려워진 상황이었다. 머리를 짜내야 했다. 카할과 차별을 둠과 동시에 카할을 견제할 수도 있어야 하고, 월급으로 나갈 돈은 없게 하되 있더라도 최소화할 수 있는 사람.

그러던 중 카할이 의뢰했던 한 부동산에서 연락이 왔다. 카할이 일을 빠르게 추진하고 있었던 것이다. 나는 조금 당황스러웠다. 아직 내게는 시간이 필요했다. 지난 거래 이후 스티브까지 떠난 상황에서 한 박자 정리하고 전진하고 싶었다. 하지만 내 바람과 다르게 우리의 배는 계속 앞을 향해 전진하고 있었다. 생각해보면 내 인생은 엇박자의 연속이었다. 그래서 인생인지도 모른다. 하긴 모든 일이 내가 마음먹은 대로 된다면 그런 인생 또한 지루하리라.

여하튼 그 순간 나는 시간을 벌어야 했는데, 카할은 일을 신속하게 추진해 가고 있었던 것이었다. 그를 제지할 명분도 없었다. 스스로 좋은 사람인 척 다 해놓았으니 내가 판 함정에 내가 빠진 꼴이라고나 할까. 사람을 한 명 더 뽑아서 전략적으로 카할을 견제시켜야 하는 상황을 만들어야 했는데 그런 명분이 생기지 않았다. 그때부터 나는 딜레마에 빠졌다.

카할에게 "네가 주인이다, 이 회사는 내 회사가 아니라 우리의 회사다"라며 그를 동기부여하는 데는 성공했으나, 그렇게 하다 보니 그의 권한 제한선을 명확히 하기가 쉽지 않은 애매한 상황이 되었

126

다. 더욱이 현재 급여도 주지 못하는 상황인 데다 그마저 놓칠 경우 난 또다시 원점으로 돌아가야 했다. 어떻게든 그와 함께 일을 진행 시켜야 했고, 또 그럴 마음이었지만 그와의 커뮤니케이션에 다소 문제가 생기기 시작했다.

그가 진행하는 일을 일단 제지해야 하는데, 그럴 만한 뚜렷한 명분이 없었다. 그 역시 현재 근무하고 있는 학원에는 12월까지 학원을 그만둔다는 통보를 한 상태였고 어떻게든 학원은 그 전에 오픈해야만 했다.

🎬 #6-4 베스트 유학원 조 사장님

이래저래 돌아가는 속도가 갑자기 빨라졌다. 비록 선생을 한 명 더 구해야 하고 또 학원 부지도 찾아야 하는 상황이었지만 아울러 오픈 후 프로그램을 판매하는 부분에도 신경을 써야 했다. 나는 시장동향을 좀 파악해봐야겠다는 생각에 유학원을 방문했다.

사실 유학원과는 애초부터 거래할 생각이 없었다. 다른 학원과의 차별화가 핵심이었기 때문이다. 보통 학원 수업료가 1개월에 1,000 달러씩 하는데 사실 그 안에는 유통마진이 심하게 녹아 있다. 30% 이상이 유통마진이라고 생각하면 된다. 나는 이 유통마진을 제거하는 게 차별화를 이루는 지름길이라고 생각했다. 그렇게 거품을 빼

시장에 내놓는 상품의 가격을 낮추고, 저가격 고품질의 전략을 밀고 나가면 차별화를 이룰 수 있다는 생각이었다. 그래서 유학원은 내 사업계획에서 빠져 있었다.

말이 나온 김에 짚고 가자면, 유학원들은 현재 유학 시장의 암과 같은 존재다. 소비자에게 유학원의 원래 역할은 시장 필터링이라고 할 수 있다. 워낙 많은 학원과 정보가 있다 보니 학생들은 신뢰할 만한 정보가 필요하게 마련이다. 이를 적절하게 제공하는 것이 유학원의 역할이다. 유학원은 이런 필터링 역할을 하면서 그 비용을 학원 또는 소비자에게 받아 운영한다.

그런데 그 커미션이 문제다. 학원이 늘어나고 경쟁이 치열해지다 보니 커미션 경쟁이 발생하게 되었다. 학원은 보통 학생이 내는 학원비의 20~30%를 유학원에 제공하는데, 일부 학원들이 50%까지도 제공하고 거기에 인센티브까지 지급하게 된 것이다. 결국 유학원도 사업체니 돈을 많이 주는 학원을 선호하게 되었다. 유통의 힘이 이곳에서도 어김없이 작용하고 있는 셈이다.

이처럼 커미션 경쟁이 치열해지다 보니 기존의 학원 필터링 기능은 온데간데없이 사라졌다. 유학원은 돈 많이 주는 학원을 밀어주게 되고, 학원은 그 손실분을 채우기 위해 학원비를 올리고, 그 부담은 고스란히 소비자인 학생들에게 돌아가게 마련이었다. 이런 점에서 볼 때 유학원은 시장의 암적인 존재라고 할 수 있다.

그런 유학원을 왜 방문했느냐 하면, 물론 거래를 하기 위해서가 아니라 시장조사가 목적이었다. 유학원이 가지고 있는 시장정보들, 특히 학원에 대한 정보가 만만치 않았다. 혹시라도 그런 정보를 얻어 들을 수 있을까 해서였다. 그렇게 내가 찾아간 첫 유학원이 베스트 유학원이었고, 그곳에서 조 사장님을 만나게 되었다. 조 사장님은 내 이야기를 조금 듣더니 대뜸 이렇게 말했다.

"학원 하지 마세요. 젊은 친구가. 왜 이렇게 힘든 결정을 했을까? 이 시장 맛 갔어요. 물론 언젠가는 돌아올 수도 있겠지만. 이 시장 지금 시작하실 거라면 하지 마세요."

첫 대면에서 학원 시작하겠다는 내게 단호하게 하지 말라는 말을 했으니 내 기분이 좋을 리 없었다. 도와주지는 못할망정 초를 쳐도 유분수지. 새로운 진입자에 대한 거부감인지, 아니면 진짜 인간적인 조언인 건지 알 수 없었으나 여하튼 기분이 나빴다. 학원 열겠다는 사람한테 도움은 주지 못하더라도 훼방을 놓지는 말아야 하는 게 아닐까. 나는 조 사장님의 이야기를 그저 나이 먹은 이의 보수적인 생각으로 치부했다.

'어디든 틈새는 있고, 시장도 있다. 그걸 왜 모르나? 나이 먹은 양반. 그러니까 그 나이에 유학원 하고 있지. 못난 양반.'

그렇게 생각하고 등을 돌렸다.

그리고 새로운 건물 계약 건에 신경 쓰기 시작했다. 첫 만남에서 기분을 망치니까 더 이상 유학원을 찾아갈 마음도 생기지 않았다.

건물 계약은 매우 빠르게 진행됐다. 이전 계약 경험이 있어서이기도 하고 카할이 전면에 나서서 진행을 했기 때문이기도 하다.

그러던 중 게스타운에 좋은 학원 자리가 하나 나왔다. 임대료는 두 달 동안 공짜, 한 달은 반값, 그 다음 달부터 매달 3,000달러, 그리고 다섯 달 치의 보증금.

계약조건이 이전 셰인 건보다 좋았다. 석 달간 무료로 학원 운영을 할 수 있다는 점이 가장 큰 장점이었다. 학원 인테리어나 기타 부자재 값도 25,000달러면 갈음할 수 있을 듯해 계약을 결심했다.

할 수밖에 없는 상황이기도 했다. 뭔가 보여줘야 할 '쇼 타임'이었다. 한국에서 목 빠지게 기다리는 친구와 부모님에게 무엇인가 보여줘야 한다는 중압감은 나를 산산조각 낼 만큼 커져 있는 상태였고, 합법적으로 거주할 수 있는 1년이란 시간도 몇 개월 남지 않은 상황이었다. 어차피 석 달 공짜 렌트가 있으니 그 동안 학원 오픈 하고 선생도 뽑고 하자는 생각이 강하게 들었다.

#6-5 순조로운 진행

드디어 11월 말, 학원 건물을 계약했다. 12월, 1월은 공짜 2월은 반값에 렌트 비용은 해결했고 선생 월급도 부담이 없었다. 도의적인 부담이야 있지만 어쨌든 계약서상 수익이 존재할 때만 월급이 나가는 것으로 되어 있으니까. 다만 선생이 부족하니 다시 사람 사냥을 해야 했다.

그래도 전체적으로 만족스러운 상황이었다. 뭔가 이젠 유형적인 무엇들이 보이기 시작했다.

학원을 계약했으니 남은 건 인테리어와 부자재였다. 되도록 인건비를 줄이기 위해 카할과 함께 다니면서 하나부터 열까지 직접 하기로 마음먹었다. 물론 바닥을 깔거나 페인트를 칠하는 건 전문 시공업체에 맡겼지만 그 외 작은 배선공사 등은 우리가 직접 했다. 컴퓨터, 소파, 전자레인지 등 모든 물품은 발품을 팔아 가장 싼 곳을 찾아 구입해서 조립하고 설치했다.

신경 쓸 일이 한두 가지가 아니었고 몸은 피곤했지만 행복했다. 우리의 손을 거치면서 하나하나 제 꼴이 갖춰지는 학원을 보면 밥을 먹지 않아도 속이 든든했다. 그렇게 12월 한 달 동안은 공사하고 인테리어하고 모델클래스를 하는 시간으로 활용했다.

겉으로는 모든 게 순조로웠다. 하지만 카할과의 갈등은 이미 오래전부터 싹이 트고 있었다. 거슬러 올라가면 그를 처음 끌어들일 무렵부터 갈등의 씨앗은 존재하고 있었다. 그때는 물론 사람을 설득하고 얻는 것이 급했으니까 앞뒤 안 가리고 듣기 좋은 말만 했다. 뒤에 올 수 있는 위험성들을 심각히 고려하지 않은 채 선심성 공약을 남발했다고나 할까.

내 실수를 생각하면 한편으로는 정치인들도 이해가 된다. 일단

코앞에 닥친 일부터 처리해놓고 보자는 심산이다 보니 사람의 마음을 흔들 수 있는 선심성 이야기들을 막 날리게 되는 것이다. 나도 마찬가지였다. 그런 공약들은 많은 정치인들에게 그렇듯 내게도 부메랑처럼 돌아왔다.

맨 처음 나의 구상은 이랬다. 나는 세계 최고의 엔터테인먼트 회사를 만들겠다는 꿈이 있다. 밴쿠버에서 그 고생을 마다하지 않고 시작한 이유도 그것이다. 훌륭한 사업가로서의 자질을 인정받고 성공한 사업가로서 경력을 인정받는다면 차후에 돈을 투자받는 일은 어렵지 않을 거라고 생각했다.

학원 사업 자체에 큰 욕심을 가지지 않은 이유도 그렇다. 그래서 학원이 안정화되면 캐나다 현지인 중에 똑똑한 한 사람을 정해 학원장으로 임명하고 그에게 운영권을 넘길 생각이었다. 나는 그저 오너로서 지분만 소유하고 중대 사업방향에만 의사결정권을 소유하고 기타 운영은 그에게 맡기면 된다. 그리고 나는 거기서 나오는 돈과 비즈니스 커리어로 내가 원했던 엔터테인먼트 사업을 하면 된다. 그게 바로 내 구상이었다. 학원 사업을 바탕으로 내가 원하는 꿈을 만들고 싶었다.

여기서 나의 실수는 "그 똑똑한 학원장을 할 사람은 바로 너, 카할"이라고 지목했다는 사실이다.

그러니까 네가 학원장이다. 난 오너고. 지금은 내가 경영적인 부분에 관여하지만 너도 책임과 의무를 다해라. 어차피 시간이 지나면 네가 모든 권한을 가질 것이다. 좋게 생각하면 정말 그럴싸한 이야기였고, 그에게 "예스Yes"라는 답을 결정적으로 얻어낼 수 있는 미래가 있는 제의였지만 사실은 그를 그렇게 신뢰하기에는 우리가 함께했던 시간은 너무 짧았다. 사람이 중요하다. 그렇게 내 입으로 내뱉어놓고 실제 행동은 그렇게 하지 못했던 것이다. 앎과 행동이 일치하지 않는 사람을 헛똑똑이라고 하는데, 내가 바로 그 헛똑똑이였다.

삼성을 다니던 시절에도 사람이 중요하다. 인재제일, 끝도 없이 들어서 그게 중요하다는 건 막연히 알고 있었지만 실제 순간에 그 지식을 정확히 현실화시키는 데는 서툴렀다. 하지만 지금 생각해 보니 그랬다는 것이지, 당시에는 그런 사실을 깨닫지 못한 채 그런 상황만 원망하고 상황을 그렇게 만드는 상대만 탓했다.

여하튼 또 다른 선생은 카할이 소개했다. 자신이 일했던 학원의 동료이자 비즈니스 영어를 가르치는 사람이었다.

"영어 선생으로는 내가 보증할 수 있어. 게다가 이 사람은 비즈니스를 가르치는 사람이니 비즈니스에 관해서도 잘 알고. 재오 네가 비록 삼성에서 일도 하고 대학에서 경영학 공부를 했지만, 캐나다에서 비즈니스를 하기에는 부족한 점이 좀 있으니 그런 부분에도 도움이 많이 될 거야. 또 그 친구의 여자 친구가 회계사니 이래저래 도움이 많이 될 것 같은데. 한번 만나보는 게 어때?"

물론 만나보지 않을 이유가 없었다.

그는 자신을 그레이엄 Graham 이라고 소개했다. 나는 그레이엄이 좋은 선생, 좋은 사람이란 느낌을 받았다. 매너도 좋았고 비즈니스 감각도 있었다. 외모도 좋았고 학생들에게 어필하기 좋은 조건의 선생이었다. 단, 그 상황에서 그를 파트너가 아닌 월급을 주는 선생으로 고용해야 하는 데 문제가 있었다.

사실 현재의 자금 형편상 그에게 월급을 주는 것은 무리였다. 어떻게든 그에게 카할과 유사한 조건을 제시했어야 했다. 하지만 상황이 녹록치 않았다. 나는 선생이 급하게 필요했고, 사실 공짜 선생을 구하는 것이 현실적으로도 이제는 어려운 상황이었다. 시간이 너무 흘렀고 카할과의 형평성을 맞추면서 최소의 비용으로 선생을 고용하는 데는 한계가 있었다. 그렇게 된 상황에서 그를 선생으로 채용하는 것은 최선의 선택이라 생각했다.

하지만 이 판단도 후에는 내가 후회했던 결정이었다. 물론 그레이엄은 최고의 선생이었다. 결과적으로는 카할보다 나은 선생이었다. 하지만 내가 실수한 게 있다면 그와 월급제로 계약을 했다는 점이었다. 월급제 선생은 당시 형편상 무리였다. 더욱이 어떻게든 사업체에 깊이 끌어들여 카할과의 경쟁 구도를 만들어야 했다. 그러려면 월급제 선생이 아니라 지분을 공유하는 구도로 계약을 해야 옳았다.

우스운 에피소드도 있다. 그레이엄과 계약을 하기로 마음먹었을 때 계약서를 영문으로 작성해야 하는데, 사실 의사소통이야 원활히 하고 있었지만 그러한 서류 작성까지 할 수 있는 실력은 아니었다. 더욱이 캐나다의 노동법이니 기타 법들을 잘 모르는 내가 계약서를 작성하는 데는 한계가 있었다. 카할도 그 부분에 있어서는 능통하지 못했다.

그래서 하는 수 없이 그레이엄에게 계약서를 만들어 오라고 했다. 고용주가 피고용자에게 계약서를 만들어 오라고 하는 경우는 아마 전대미문일 게다. 생각해보면 코미디와 같은 일이 아닐 수 없다. 하지만 별다른 도리가 없었다. 나는 그레이엄이 만들어 온 계약서를 검토한 후 사인했다. 나를 믿고 따라와 준 친구들이었으니 계약서를 크게 의심하지는 않았지만, 이 얼마나 우스운 에피소드인가.

 ## 시즌 최악의 비수기

선생 둘이 만들어지고 장소도 생기고 프로그램도 준비됐고, 이제는 오픈만 남았다. 어렵게, 어렵게 결국 여기까지 왔다.

그러나 두 가지 문제는 여전히 존재했다. 하나는 '고객을 어떻게 유치하느냐' 하는 문제였고, 또 다른 하나는 '자금'의 문제였다. 사실은 이제부터 진정한 본게임이었다. 이제는 진검승부를 펼칠 시간이었다. 생존을 위한 그야말로 수입과 직결되는 문제들이니 말이다. 하지만 난 벌써부터 많이 지쳐 있었다. 준비 과정에서 너무 많은 에너지를 소비한 터였다. 그렇다고 포기할 수도 없었다. 이 게임을 위해 그렇게 열심히 여기까지 뛰어온 것이 아니던가.

우선 고객유치는 자신이 있었다. 평소 형, 형 하며 따라다니는 친구들이 몇 있었는데 그 친구들이 늘 이렇게 말해왔었다.

"형, 학원 오픈하면 제가 등록할게요."

"당연히 해야죠."

대학교 후배도 있었고 학원 투어 때 만났던 동생들도 있었다. 나와는 퍽 가깝게 지냈던 녀석들이다. 그 친구들부터 시작하면 고객유치도 별일 아닐 듯싶었다. 그 친구들이 학원을 다녀보면 정말 좋은 학원임을 몸소 체험하게 될 테고, 그 다음에는 그들이 직접 주변의 친구들을 데리고 올 테고, 그렇게 되면 입에서 입으로 소문이 퍼지면서 고객들이 절로 찾아오게 될 것이라 믿었다. 구전효과를 노리는 게 내 마케팅의 기본 아이디어였다.

그런데 막상 오픈을 목전에 두자 그 친구들이 이런저런 핑계를 대며 학원 등록을 미루고 미루다, 결국은 다른 학원을 등록해버리는 게 아닌가.

배신감을 많이 느꼈다. 인간적인 관계는 둘째 치더라도 선생과 프로그램에서 확연히 구분되는 차별화된 학원이 아닌가. 제품이 확실한 것은 옆에서 봐온 본인들이 더 잘 아는 것을. 더욱이 친형제처럼 지내던 사이가 아닌. 그런데 막상 오픈을 앞둔 상황에서 다른 학원을 등록하다니. 너무 섭섭했다. 사업을 떠나서 인간적인 배신감을 느꼈다.

오만 가지 생각이 들었다. 녀석들이 겉으로만 친한 척을 한 게 아닌지, 인간관계라는 게 결국은 이해득실을 따져가며 맺어지는 건 아

136

닌지. 이런 생각들이 우후죽순 자랐다가도 이내 도리질을 할 수밖에
없었다.

'문제의 근원을 남에게서 찾지 말자. 문제는 내게 있다.'

그리고 주변의 친한 동생들도 설득시키기가 이렇게 어려운데 하
물며 생판 모르는 남에게 과연 이 상품을 팔 수 있을까라는 두려움
이 엄습해왔다. 물론 녀석들과의 오해는 이후에 풀렸다. 우리 학원
의 프로그램과 그들의 어학연수 시기에 문제가 있었다. 내가 학원을
오픈할 때쯤 그들은 이제 돌아갈 날을 기다리고 있었던 것이다. 그
들은 어학연수를 정리할 학원을 찾고 있었는데 그러기에는 우리 학
원의 프로그램이 너무 새로웠고 모험적일 수 있었다. 결국 술자리에
서 그들도 프로그램이 문제가 아니라 시기적인 문제가 있었다며 아
쉬움을 토로했다.

여하튼 난 초반에 그들에게 의존할 생각을 하고 있었는데 내 계획
은 또 다시 어그러지고 있었다. 그들이 기본적으로 자리를 채워주고
그들의 친구들을 데리고 오고, 그렇게 확산되면 선생 월급은 줄 수
있지 않겠는가, 그것이 내 생각이었으나 현실은 내 생각과는 동떨어
지게 움직이고 있었다. 사람들을 모을 수 있는 방법을 새롭게 찾아
야 하는 시급한 과제가 생겼다. 그것도 아주 빠르게.

다음으로 자금 문제. 내부 공사를 마치고 전체 가구를 세팅하고
마무리하고 보니 대략 10,000달러 남짓 남았다. 앞으로 또 자잘한
돈은 나갈 거고 선생 월급도 줘야 했다. 하지만 아직 오픈 전이고,
등록하겠다는 사람도 없는 상황이었다. 금전적인 부분에서 초조해

지기 시작했는데 카할과의 마찰도 여기에서 시작됐다. 오픈과 맞물려 그가 이것저것 요구하는 부분이 많아지기 시작했던 것이다.

예를 들면 "컴퓨터는 이런 것이 좋겠다" "TV 서비스는 풀케이블로 했으면 좋겠다"라는 등. 하지만 더 큰 문제는 모든 것을 합법적으로 하려는 데 그 문제의 심각성이 있었다. 첫째로 그는 회계사를 고용하길 원했다. 단돈 100달러도 아껴야 할 판에 수익도 없는 이 상황에 회계사라니! 내가 불평을 하면 그는 이렇게 말했다.

"네가 6개월 후 한국으로 들어가면 내가 경영을 책임져야 하는데, 난 회계에 대한 기본 지식이 하나도 없어. 그것을 대행해줄 누군가가 필요해."

물론 카할의 말도 납득이 되지만 사업 초기에 들어간 돈이 너무 많아 나로서는 그의 의견을 용납할 수 없었다.

아울러 나는 캐나다의 세율이 매우 높은 탓에 어떻게든 세금을 줄일 수 있는 방법을 강구하려 했지만 그는 그런 부분은 정직하게 합법적으로 처리해나갈 것을 요구했다. 모든 걸 합법적으로 해결하려고 하는 건 캐나다인의 특성이며, 준법성이나 도덕성이 최소한 한국인들보다 높은 것은 장점이기도 했다.

하지만 회사 초기 매출 추이가 어떻게 될지도 모르는데 모든 것을 룰에 따라가며 경영할 수는 없었다. 내가 현실을 직시하려 한 반면, 그는 조금 더 이상적인 경영을 바랐다고 할 수 있다. 나는 카할과 수없이 대화하고 설득하기 위해 노력했지만 정말 쉽지 않았다.

회사 보험 건도 마찬가지였다. 보통 건물주는 예기치 못한 상황이 발생할 때를 대비해서 세입자에게 700,000달러 정도의 보상액이 보장되는 보험을 요구한다. 그러자면 매달 300달러 정도 되는 보험료를 내야 하는데, 나는 최대한 시간을 끌며 보험 가입 시기를 뒤로 미루려고 했다. 그러나 카할은 이 역시 즉시 해결하길 요구했다. 정말 답답했다. 아군인지 적군인지 헷갈릴 정도였다.

그렇다고 내놓고 그를 비난할 수도 없었다. 말이야 바른 말이지 않은가. 또한 그는 일도 정말 열심히 했고 선생으로서의 업무는 빈틈없이 하고 있는 성실한 파트너였다. 더러는 자기 돈도 쓰곤 했다. 예를 들면 1,000달러 정도 되는 책을 자비로 사기도 했으니 그가 학원을 위해 바친 열정과 금전적인 부분까지 고려하면 그의 의견을 존중하지 않을 수 없었다. 나는 그에게 월급도 주지 못하고 있을 뿐만 아니라, 또 지금의 분위기로 봐서 그는 적어도 6개월 동안은 월급 없이 일해야 할 판이니 말이다. 물론 모든 것은 계약하며 합의된 일이었지만 인간적으로 고마웠다.

하지만 가끔 이렇게 원론적이고 원칙적인 이야기를 할 때면 충돌이 생길 수밖에 없었다.

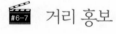 거리 홍보

자금, 그리고 카할과의 관계도 문제였지만 진정 곤혹스러운 일은 무

엇보다도 시장의 무반응이었다. 물건이 팔리기만 한다면야 나머지 문제들은 자연스럽게 해결되지 않겠는가. 카할과의 관계도 사실 돈이 넉넉하게만 있다면 그리 큰 문제가 발생하지 않을 것이었다. 카할이 요구하듯 정확하게 법적인 절차로 문제를 해결하는 것이 왜 어렵겠는가.

그런데 생각했던 것처럼 프로그램과 선생에 대한 소비자의 반응은 뜨겁지 않았다. 아니, 반응이 전무하다고 할 정도였다. 최악의 비수기이기도 했다. 보통 1월부터 3월까지 유학 시장은 불황이다. 여름에 왔던 어학연수생들이 고국으로 돌아가는 시기이기 때문이다. 우리가 우선적으로 초점을 맞추고 있는 현지 시장의 소비자들이 시장을 떠나는 시즌, 즉 내가 타깃으로 잡은 고객이 없는 시즌이었다. 대략 예측은 하고 있었지만, 이 정도일 줄은 정말 몰랐다.

12월 말 두 주 동안을 모델클래스로 진행하기로 하고 유학생들이 많이 보는 웹사이트에 광고를 띄웠지만 무반응이었다. 큰일이었다. 겉으로야 태연한 척, 이제 광고한 지 일주일짼데 무슨 반응이 있겠냐 했지만 속으로는 문제의 심각성을 절실히 느끼고 있었다. 어떻게든 액션이 필요했다.

그러나 자금이 넉넉지 않은 내가 할 수 있는 프로모션 방법은 많지 않았다. 속칭 내 발품을 팔 수 있는 일, 그것뿐이었다.

나는 전단지를 들고 거리로 나갔다. 그 추운 12월에 도서관 앞에서 매일 세 시간씩 전단지를 나눠주었다. 처음에는 쑥스러워 선뜻 손을 내밀기가 어려웠다. 국내도 아니고 이국 땅에서 전단지를 나눠 주는 일이 어찌 쉽겠는가. 하지만 정말 다급한 상황이었고, 전단지를 나눠주는 건 내가 할 수 있는 최고의 방법이었다. 그리고 정말 열심히 나눠주었다. 몸은 고단했고 현실은 암울했지만 내 스스로 '나는 즐겁다' 를 수없이 되새겼다. 지금은 우울한 현실에 이렇게 전단지를 돌리고 있지만 난 미래의 꿈을 위해 씨를 뿌리고 있다고 생각하고 또 생각했다.

그렇게 전단지를 돌린 후에는 재빨리 학원으로 돌아가 학원 웹사이트의 당일 접속자 수를 확인했다. 분명히 전단지를 돌린 후의 접속자 수가 그냥 웹으로만 광고할 때보다는 늘기 시작했다. 두 손이 꽁꽁 얼어가면서 전단지를 돌린 보람이 있었다. 하지만 여전히 1주 앞으로 다가온 모델클래스에 신청자는 없었다.

참으로 죽을 맛이었다. 뭔가 획기적인 변화가 필요했지만 그 변화를 시도하기엔 내가 가지고 있는 것이 너무나 부족했다. 돈도 없었고 나를 도와줄 수 있는 친구도 없었다. 학원 등록자는 고사하고 공짜 수업인 모델클래스 신청자도 없는 상황이니 이제 어떻게 해야 한단 말인가.

학원에서 뒷정리를 하고 밤 10시가 넘어 집으로 향하는데 그날따라 부슬부슬 비가 내렸다. 학원에서 집까지 버스로는 15분, 걸어서는 40분 정도 되는 거리였는데, 학원을 오픈한 이후로는 계속 걸어서 출퇴근을 했다. 걸으면서 생각도 좀 하고, 운동도 한다는 이유였지만 가장 큰 이유는 작은 돈이라도 아끼고 싶었기 때문이다.

하여간 비를 맞으면서 걸으니 기분이 착 가라앉았다. 정말 발에 땀나게 움직이고 하루 종일 학원 생각밖에 하지 않는데, 학원은 좀처럼 잘될 기미를 보이지 않고. 더 중요한 건 답이 보이지 않는다는 것이었다. 정말 이러다 젊은 청년 하나 골로 간다는 생각도 들었다. 어둡고 황량한 거리—서양의 다운타운들은 평일 밤에는 정말 아무도 없다—를 홀로 비를 맞으며 걷고 있자니 수많은 생각이 머릿속을 헤집었다.

집에 도착해 문을 여니 캄캄한 방이 나를 맞이했다. 모 토크쇼에서 싱글들이 세상에서 가장 싫어하는 것이 "퇴근 후 어두운 방에 혼자 들어가는 것"이라 했는데, 그 말이 실감이 났다. 주룩주룩 내리는 비 맞으며 한 40분 동안 힘든 내 현실을 생각하고, 답도 찾지 못하고 집에 돌아와 방문을 열었는데 나를 맞이하는 건 어두운 방과 싸늘한 기운뿐이라니.

생각해보니 그 시간까지 밥도 못 먹었다. 허기진 배를 채우려고 냉장고를 열었지만 변변한 반찬이 있을 리가 없었다. 쉰 김치에 한인 슈퍼에서 사다 놓은 마늘장아찌, 그리고 날계란. 보온밥통에선 말라 비틀어져가는 밥. 나는 김치를 꺼내서 볶고 밥을 넣고 계란프라이를 부쳐서 김치볶음밥을 만들었다.

그리고 식탁 앞에 앉았는데, 정확히 책상 위 거울에 내 모습이 보였다. 머리는 비에 젖어 있고, 식탁 위에 놓여 있는 건 볼품없는 김치볶음밥. 시간은 벌써 11시가 넘었다. 그런 상황에 그걸 먹겠다고 앉아 있는 나.

순간 눈물이 쏟아졌다. 집 생각, 친구 생각에 서글퍼졌다. 내가 지금 잘 가고 있는 것일까? 모든 것이 불확실했고 막막했다. 사실은 그때 그 순간의 상황보다는 캐나다에서 벌어지고 있었던 다른 모든 상황들이 쌓였다가 한꺼번에 눈물로 쏟아진 것 같았다.

그렇게 한참을 울다가 잠이 들었다.

#6-9 솔직한 세상

전단지를 나눠주기 시작한 지 일주일째. 전단지를 나눠주기 전이나 열심히 나눠준 후나 달라진 건 없었다. 아침 일찍 학원에 출근하여 웹을 확인해봤지만 방문자도 적었고, 학원에 찾아오는 학생이나 문의전화도 없었다. 마치 밑 빠진 독에 물 붓듯 나만 혼자 쓸데없는 짓을 하고 있는 게 아닌가 싶었다.

　그날 나는 전단지를 나눠주지 않고 그냥 집에 돌아와 혼자 술을 마셨다. 모든 현실을 잊고 싶었다. 생전 처음이다 싶을 정도로, 인사불성이 될 정도로 마셨다.

　다음날 아침, 오히려 마음이 시원하고 재충전된 느낌이었다. 아침에 웹을 보니 어제 그렇게 공을 쳐서 그랬는지 방문자 수가 이틀 전과 비교했을 때 반도 되질 않았다.

　'그래 시장은 솔직하다. 한 만큼 반응한다. 그렇다면 포기할 게 아니라 더 열심히 해보자. 한번 미쳐보자.'

　그렇게 마음먹고 도서관으로 갔다. 그리고 정말 열심히 했다. 안 받는 사람이 있으면 따라가서 악착같이 전단지를 나눠줬다.

　다음날, 홈페이지 방문자 수는 홈페이지 오픈 후 최대 접속수를 기록했다. 더불어 모델클래스 신청자도 세 명이나 있었다. 그때의 뿌듯함은 이루 말로 표현할 수가 없다. 한 만큼 얻는다는 것, 참 묘한 매력이 있었다. 직장생활을 할 때는 그런 느낌을 받아본 적이 없었다. 사실 그렇게 고민하고 열심히 일해본 경험조차도 없지만. 열심히 일한 달도 열심히 일하지 않은 달도 통장에는 늘 똑같은 숫자가 찍히는 샐러리맨에겐 당연한 건지도 모른다. 내가 회사를 그만두게 된 계기 가운데 하나도 그게 아니었던가.

그 후로는 도서관 앞에서만이 아니라 그 일대 곳곳으로 영역을 확장하면서 전단지를 뿌렸다. 심지어는 유학생들이 많이 사는 아파트를 찾아가 1층부터 17층까지 아파트 문 밑으로 전단지를 밀어 넣는 한국식 전달 방법까지 감행했다. 캐나다에서는 상상도 할 수 없는 방법이었다. 기껏해야 아파트 각 호 우체통에 광고물을 넣는 정도다. 하지만 나는 전단지를 주머니에 넣고 다니면서 거리에서 마주치는 동양인들에게는 모두 전단지를 내밀었다.

그러나 반응은 내 노력만큼, 기대만큼 그리 썩 좋지 않았다. 고객이 한정되어 있는 탓이었다. 어학원 홍보물이라면 어학원을 찾는 사람에게만 나눠줘도 그중 일부만이 관심을 보일 테고, 관심을 보이는 이들 중에서도 또 일부만 등록을 할 텐데, 길에서 무작위로 전단지를 뿌려댔으니 효과적이지 않은 셈이었다. 양보다 확률이 중요한 일이었으나 나는 그냥 열심히만 한 것이다.

하지만 딱히 떠오르는 마케팅 방법도 없었고 돈도 없었으니 무턱대고 거리로 나설 수밖에 없었다. 나도 나름 논리적이고 전략적이라는 소리를 많이 들었는데, 상황이 급박하고 가진 게 없다보니 무식해지고 몸이 앞서게 되는 걸 피할 수가 없었다.

계획했던 모델클래스는 총 10일이었는데, 결국 5일을 진행했고 참석한 학생 수는 총 열두 명이었다. 그리고 그중 학원에 등록한 사람은,

단 한 명도 없었다.

홍보활동을 12월 초부터 했음에도 불구하고 등록자가 아무도 없다는 건 충격적이었다. 모델클래스에서 단 몇 명이라도 학생을 확보하고 1월에 오픈하려던 계획은 물거품이 되었다. 결국 고객 없이 학원을 오픈할 수밖에 없었다.

주변 사람들은 잘나가는 학원들도 요즘 빈 클래스가 그렇게 많은데, 좀 더 기다려보면 좋은 결과가 있을 거라며 위로했다. 또 한 달 홍보는 아무것도 아니라고 했지만, 그렇다고 해서 위로가 될 일이 아니었다. 다들 고국으로 떠나는 시즌이다 보니 학원에 등록하는 학생이 없다는 걸 잘 알고 있었으며, 더욱이 큰 학원들도 여름과 비교했을 때 숫자가 절반 또는 그 이상으로 줄어드는 상황이었으니 시장이 좋지 않은 상황임은 틀림없었으나, 그렇다 해도 등록률 0%는 문제가 심각했다.

다른 사람들에게 속내를 밝히지는 않았지만 내심 튜터라도 싸게 한다는 생각으로 학원을 등록하는 학생이 있을 거라 생각했었는데 그런 인원조차 없었다(한국식으로 말하면 일종의 개인과외인데, 등록인원이 적으니 싼 값에 과외 효과를 노리고 등록하는 학생도 있을 거라 기대한 것이다).

학생도 없고 돈도 없고. 잠이 오지 않았다. 하지만 그래도 희망은 있다, 위기 후엔 기회다, 스스로 끊임없이 되새기며 1월을 맞이했다.

그러면서 일본인 상담원 나오코를 고용했다. 물론 돈은 차후에, 한 5월쯤부터 주기로 하고 일단은 자원봉사 비슷하게 도움을 요청했다. 밴쿠버에는 일을 하고 싶어도 언어 문제 때문에, 또는 기타 여러 가지 이유로 고용되지 못하는 인구가 상당한데 나오코도 그런 사람 중 하나였다. 참 똑똑하고 일도 잘하고 성실한 친구였는데 캐나다에 어학연수 왔다가 캐나다 학원 선생과 사귀게 되었다고 했다. 어학연수가 끝나고 일본으로 돌아간 후에도 그 선생이 나오코에게 지속적으로 구애를 했고, 결국 결혼하게 되었다고 했다. 하지만 캐나다에 와서 비자 문제가 빠르게 해결되지 않아 합법적으로 일을 할 수 없는 상태였다. 게다가 일자리도 쉽게 잡히지 않자 집에서 놀 바에야 일단 경험도 쌓을 겸 나를 도와주기로 한 것이다.

여하튼 두 명의 선생과 스태프 한 명, 그리고 나까지 네 명만 있는 학원이 문을 열었다. 학생도 없이.

돌파구
찾기
✳

7

첫 번째 수강생

웹 강의

신문광고 에피소드

#7-1 첫 번째 수강생

1월 2일, 오픈 첫날.

예상은 했지만, 학원엔 정말 한 사람도 오지 않았고 전화벨 소리한 번 울리지 않았다. 참으로 난감한 상황이었지만 의외로 카할과그레이엄은 태연했다. 각자의 교실에서 수업을 준비하고 있었다. 나오코는 전화기 앞에서 언제 올지 모르는 전화를 기다리고 있었고, 난 먼지도 없는 학원을 다시 청소하고 또 하고, 학생이 없어 할 일도 없는 학원에서 왔다갔다 자리를 잡지 못한 채 방황했다.

첫날 아침은 너무나 조용하게 지나갔다. 점심을 함께 먹고, 나는 오후 두 시부터 세 시 사이에 도서관 앞으로 가서 열심히 홍보물을 뿌렸다. 홍보물을 나눠주는 건 지금의 상황에서 내가 할 수 있는 최선의 방법이었다.

나는 하루 종일 혼자 분주하게 다녔다. 카할이나 그레이엄, 나오코가 좀 도와주길 바랐지만 그러지 않았다. 캐나다는 한국 사회와달리 자기 업무 구분이 매우 뚜렷한 곳이라 그들의 그런 행동은 당연한 것이었다. 그래서 먼저 도와달라고 말하기도 쉽지 않았다. 또내게는 월급을 주지 못하는 사장으로서 자책감도 있었기에 그들에게 거리로 나가 전단지까지 뿌리자는 말은 양심상 쉽게 나오질 않았다. 그러나 어쨌든 다들 차분한 가운데 혼자만 이리 뛰고 저리 뛰고하는 모습이 왠지 처량했고, 서운한 것도 사실이었다. 그렇게 첫날이 지나갔다.

151

다음 날, 심기일전하고 출근했다.

그리고 어김없이 거리로 나가 홍보물을 돌리고 학원으로 돌아왔다. 그런데 학원으로 들어서자마자 나오코가 흥분된 목소리로 말했다. 지난달에 모델클래스를 들었던 한 여학생이 등록하기로 했다고.

난 정말 날아갈 듯이 기뻤다. 카할과 그레이엄도 교실에서 나와 활짝 웃었다. 드디어 첫 번째 고객이 등록을 하게 된 것이다. 이는 학원이 정상적으로 돌아가기 시작함을 의미하는, 우리로서는 정말 기쁘고도 중요한 사건이었다.

모델클래스 이후 학원 분위기는 가라앉을 만큼 가라앉아 있었다. 등록 학생이 한 명도 없다는 점도 그 이유였지만, 무엇보다 그렇게 자부하던 프로그램에 대한 반응이 전혀 없다는 게 더 심각한 이유였다. 열두 명의 학생 중 절반쯤은 공짜 수업을 들으러 온 학생들이었다고 치더라도, 진짜 학원을 알아보러 왔던 학생들이 반응을 보이지 않는다는 것은 낭패가 아닐 수 없었다.

그런데 그중 한 학생이 등록을 했다 하니, 이건 프로그램이 괜찮다는 반증이기도 한 셈이었다. 그 여학생은 꼭 등록을 해야겠다는 생각보다 연말에 특별히 할 일도 없어서 그냥 들렀는데, 들어보니 프로그램이 좋아서 등록하게 되었다고 했다.

아, 정말 이렇게 뿌듯할 수가 없었다. 지난 몇 개월간 우리가 노력한 것이 헛되지 않았다는 것, 그 가치를 인정받았다는 사실이 너무나 가슴 벅찼다.

아울러 시작이 반이라고 첫 단추를 꿰었으니, '이제는 뭔가 되는

구나' 라는 생각이 들었다. 카할도, 그레이엄도, 그리고 나오코도 모두가 열의에 차서 그날 하루를 보냈다.

🎬 #7-2 웹 강의

비록 한 학생이 등록하긴 했지만 생각만큼 학원 홍보가 잘 안 되고, 학생들을 유치하는 일도 어려워지자 여러 가지로 고민이 되었다. 어떻게 하면 학생들에게 우리 학원과 프로그램을 더 많이 알릴 수 있을까?

현지 시장에서 아무리 열심히 학생을 유치하려 해도, 유학생들은 이미 오기 전부터 유학원과 상담을 통해 학원을 정하고 오니 한계가 있었다. 그리고 그렇게 들어간 학원의 프로그램이 썩 마음에 들지 않는다고 해도, 낯선 곳에서 더 좋은 학원을 찾아다니는 적극적인 학생들은 그리 많지 않을 것이다. 그런 사람들에게 어떻게 우리 프로그램의 차별성을 알릴 수 있을까?

그렇게 고민하던 중 새로운 아이디어가 떠올랐다. 바로 '웹 기반의 차별화'였다.

웹으로 강의를 보여주면 학생들이 학원에 보다 쉽게 접근할 수 있을 것이라 생각했다. 더욱이 웹은 거리와 시간의 한계를 뛰어넘는 것이니 꼭 밴쿠버에서뿐만 아니라 일본, 한국, 어느 곳에서도 홍보가 가능하겠다 싶었다. 어차피 영어 공부를 하려는 학생들이라면 그런 공짜 수업을 적극 활용하려고 하지 않을까. 나 역시 그랬으니까.

　그 아이디어까지는 좋았다. 그런데 구현하는 과정에서 또다시 카할과 의견 충돌이 생기기 시작했다. 사실 유료든 무료든 웹을 통해 영어학습을 하는 사이트는 많다. 그래서 새로운 차별화가 필요했고 나는 '재미'라는 키워드를 살리기로 결정했다. 언어를 배운다는 건 참 따분한 일이 아닐 수 없다. 하지만 예를 들어 개그콘서트로 한국어를 공부할 수 있다면 그 어떤 교재나 프로그램보다 재미있게 공부할 수 있지 않을까? 그런 아이디어였다.

　나는 웹 강의도 그런 식으로 진행해야겠다고 생각했다. 언어 공부란 재미가 있어야 하고 자연스러운 반복학습이 가능해야 한다. 그럴 때 자연스럽게 생활처럼 녹아들어간다. 웹으로 하는 강의라면 더 그래야 한다. 그래서 그런 쪽으로 기획하고 비디오를 촬영하려 했다. 그러다 보니 자료도 재미있어야 했을 뿐 아니라, 선생들에게 강의 중 자꾸 재미와 오버 액션 등을 요구할 수밖에 없었다.

　그런 과정에서 카할이 강하게 불만을 드러냈다. 그건 영어가 아니라면서, 다분히 아카데믹한 영어 학습을 원했다. 카할은 전형적인 선생님이었다. 그런 끼와는 거리가 먼 사람이었다. 본인이 잘할 수 없는 일이거니와 내키지 않은 일을 요구하니 반발하는 것도 당연했다.

　하지만 내가 그럼 누구에게 이런 요구를 하겠는가. 선생이라고는 카할과 그레이엄밖에 없었고, 더욱이 카할은 나의 파트너가 아니었던가.

난 누구보다도 영어를 배우는 학생들의 마음을 정확히 알고 있었다. 내 스스로가 소비자였기 때문이다. 비디오 강의에서 그러한 재미 요소는 절대 필요조건이었다. 카할에게도 그렇게 설득했으나 그는 동의하지 않았다. 그것은 영어 교육이 아니라며. 참으로 답답했다. 마치 연기에 대한 세계관이 다른 감독과 배우처럼 그와 나는 필연적으로 대립할 수밖에 없었다.

그러나 감독 이기는 배우 없듯이 그 역시 나의 요구 사항을 받아들이고 내가 원하는 방식대로 웹 강의를 녹화했다. 하지만 내가 의도한 그 맛은 나오지 않았다. 오만상 찌푸리고 하는 버라이어티는 있을 수 없지 않은가. 결국 카할과의 웹 강의는 포기할 수밖에 없었다.

나는 하는 수 없이 그레이엄과 작업을 시작했다. 그런데 그레이엄은 내가 요구하는 것 이상으로 일을 처리해나갔다. 애드리브도 뛰어났고 시키지도 않는 오버 연기까지 능숙하게 해냈다. 정말 깜짝 놀랐다. 오히려 어느 순간부터는 그레이엄이 나를 리드하고 있었다. 그런 과정을 거치면서 그레이엄과는 점차 가까워졌고 거꾸로 카할과는 멀어지기 시작했다.

카할과의 사이에서 그렇게 문제가 불거지고 나니 그 후에도 사사건건 부딪히기 시작했다. 그레이엄과 점점 가까워지는 것에도 노골적으로 불만을 터트리기 시작했다. 자금의 압박도 컸고, 프로그램

판매 같은 사업의 근본적인 문제들도 잘 풀리지 않아 힘든 상황에서 내부적으로 삐걱대기 시작한 것이다.

돌아보면 결국 근본적인 문제는 내가 인사권을 명확히 가지고 있지 않았다는 점이었다. 지분을 주고 월급을 주지 못하고, 애초에 사업을 시작할 때 초기 자금을 아껴보겠다고 세웠던 전략이 결국은 부메랑으로 내게 돌아왔다. 이 모든 상황을 극복하기 위한 최후의 수단은 그를 완벽하게 장악하거나 아니면 결별을 하는 것이었는데, 둘 다 내가 할 수 없는 일이었다.

그렇다고 모든 것을 포기하고 그에게 전권을 이임할 수도 없었다. 그는 교육자로서 정말 탁월한 선생님이었지만 비즈니스적인 사고와는 거리가 먼 친구였다. 처음에는 오히려 그 부분이 매력적이었다. 오로지 교육적인 부분에만 힘쓸 것 같고 사람이 정직하고 고지식하니 마이클처럼 잔머리 굴려가면서 사업적으로 날 위협할 일도 없을 것 같았다. 그런데 그런 친구가 주인의식을 갖고 운영적인 부분까지 사사건건 참견하고 나서자 이건 또 다른 문제였다. 차라리 곰 같은 여자보다는 여우같은 여자가 낫다는 말도 있지 않은가. 굳이 비유한다면 그는 곰 같은 사람이었다.

처음에는 학생 수가 좀 늘고 자금 문제가 해결된다면 이런 갈등도 해결될 수 있다고 생각했다. 하지만 시간이 갈수록 정말 그럴까라는 의구심이 들기 시작했다. 그런 갈등 속에서 나만의 색깔을 내가면서 학원을 운영하기란 쉬운 일이 아니었다. 무엇보다도 카할은 현재 공짜로 일을 하고 있지 않은가. 월급을 줄 수 있었다면 상황은 다소 나아질 수도 있었겠지만, 그에게 월급을 지불할 능력이 없다 보니 본의 아니게 나는 위축될 수밖에 없었다. 오너가 파트너의 눈치를 보는 그런 상황에 직면하게 된 것이다.

그런 와중에 두 번째, 세 번째 고객이 한꺼번에 등록했다. 그리고 다음날에는 네 번째 고객이 등록했다. 경환이가 어느 술자리에서 학원을 홍보했는지 한국 남매가 찾아와 등록했고, 그 다음날 인터넷 광고를 보고 또다른 한국 학생이 등록, 그래서 총 네 명의 학생이 첫 주에 등록을 했다. 그들에게 받은 돈이 대략 2,000달러 정도. 상실됐던 자신감과 내 안의 걱정 근심들이 다소 해결되는 기분이었다.

이제 더 이상 스태프만을 위한 학원이 아니며, 다음 주부터는 학원이 정상적으로 운영된다는 사실이 무엇보다 기뻤다.

 신문광고 에피소드

일단 네 명의 학생이 들어오긴 했으나 다들 한국인이므로 국적 비율을 신경 쓸 필요가 있었다. 유학원과의 관계는 애초부터 배제하고 오픈한 학원이니까 그 외의 홍보 방법이 필요했다.

일단은 일본인을 통해 국적비율을 맞춰보자는 생각을 했다. 일본인들은 주로 지역신문에서, 한국으로 치자면 〈교차로〉나 〈가로수〉와 같은 정보지에서 학교를 찾는다. 한국에서는 이런 신문들에 사채 광고만 가득해 광고 효과가 거의 없게 되었지만, 이쪽에서는 매우 큰 시장이었다. 지역 뉴스도 보고 구인구직 정보를 얻을 수도 있으며 벼룩시장의 역할까지도 하는, 일종의 종합신문과도 같은 무가지다. 그리고 각국의 사람들이 모여 사는 나라다 보니 그런 신문들이 꽤나 많다. 중국인, 일본인, 한국인, 인도인 등.

허나 나도 그런 신문들의 광고 효율성에 대해서는 의심이 들었다. 나 역시도 그런 신문을 보긴 하지만 광고에는 눈길 한 번 준 경험이 없기 때문이다.

그런데 일본인 친구들의 설명은 달랐다. 신문에 대한 의존도가 한국과는 비교할 수 없을 만큼 높다고 했다. 이유를 알 수 없었으나 열이면 열, 모든 일본인이 그렇다는데 마다할 이유가 없었다.

그래서 일본인 지역신문에 광고를 실었다. 결과부터 말하자면 효과는 없었다. 신문광고를 통해 온 학생은 한 명도 없었다. 하지만 신문광고를 하면서 재미있는 사실을 하나 발견했다. 왜 일본인들이 신문광고가 효과가 있다 말했는지를 알게 된 것이다.

나는 신문광고를 내기 위해 A4용지의 1/8크기인 아주 작은 칸을 샀는데, 가격은 무려 200달러였다. 지면을 할당받고 보니 너무 작았다. 누가 눈길이라도 한 번 줄까 의심스러웠다. 그러니 뭔가 획기적인 방법이 필요했다. 보통 학원 광고라 하면 교실에서 수업하는 광경의 사진과 학교 소개 정도가 들어가는데, 그렇게 해선 안 되겠다 싶었다.

'어떻게 차별화해야 더 많은 사람들이 광고를 볼 수 있을까?'

나는 심지어 내가 누드를 걸면 어떨까라는 생각까지 했었다.

고민에 또 고민, 그렇게 하다 '현상수배' 아이디어를 냈다. 선생 두 명의 사진을 현상수배범처럼 활용하고 밑에는 현상금 1,000,000 달러를 걸었다. 죄목은 '밴쿠버 최고의 선생', 그리고 옆에 'Best School'이란 단어와 학교 설명을 넣었다. 일단 주변에선 참신하다는 이야기들이 많았다. 그런 지역신문에 이런 식의 광고는 전에도 없었다고 했다.

그렇게 초안을 만들어 디자인을 의뢰했는데 인쇄 전날 신문사에서 전화가 왔다. 광고를 실을 수가 없다고 했다. 이유를 물었더니 두 가지 문제가 있다고 했다.

첫째는 'Best School'이란 문구를 문제 삼았다. 최고의 학원임을 입증할 수 없으니 그 문구는 실을 수 없다며, 다른 문구로 바꿔달라는 것이었다.

또 다른 하나는 '$1,000,000'란 현상금 문구였다. 그들은 만약 어느 학생이 학원에 와서 선생을 잡고 "나 현상수배범 잡았으니 돈을 달라"고 하면 어떻게 하겠느냐는 것이었다.

그 전화를 받고, 나는 농담인 줄만 알았다. 그것도 아주 진지한 톤으로 말하는 블랙조크.

하지만 상황이 그렇지 않았다. 그들은 매우 진지했고 그런 상황이 발생했을 시의 책임 여부를 물었다. 내 상식으로는 도무지 이해할 수 없는 일이었다. 광고는 언제나 과장되어 있는 것이고 정상적인 사고를 가진 사람이라면 누구나 '$1,000,000'가 농담임을 알 텐데 그런 세세한 부분까지 걱정하는 신문사가 도통 이해되지 않았다.

'Best'라는 문구만 해도 그렇다. 그러면 광고하면서 고만고만한 학원이라고 하는 사람이 어디 있겠는가. 너도나도 자기가 최고니, 원조니 하며 광고하는 게 일반적인 상식 아닌가. 하지만 그들은 바꾸지 않으면 광고를 내보낼 수 없다고 했다.

기가 막힌 나는 일단 생각 좀 해보겠다 하고 전화를 끊었다. 그리고 나오코에게 물었다. 이런 일도 있을 수 있느냐, 그랬더니 나오코는 나처럼 놀라기는커녕 그럴 수 있다는 듯 고개를 끄떡이며 오히려 '$1,000,000' 대신 커피 한 잔, 혹은 사탕 하나를 넣으면 어떻겠냐는 조언까지 해주었다.

그제야 나는 그들이 신문이라면 한국인과는 비교도 되지 않을 정도로 믿음을 갖는 이유를 알 수 있었다. 누구도 신경 쓸 것 같지 않은 밴쿠버의 벼룩시장과 같은 신문에, 그것도 겨우 1/8크기의 광고까지 신경 쓰는 사람들. 정말 산 문화 차이를 경험하는 순간이었다.

결국 광고는 그들이 요구하는 수준에서 수정되었다. 'Best'란 문구는 'Innovative'로, '현상금'이란 문구는 삭제해버렸다.

불면의
나날
*

8

신문광고도 시장에서 큰 반향을 일으키지 못했고 시장은 불황이고, 학원은 학생 네 명으로 돌아갈 수 있는 상황이 아니니 고민은 늘어만 갔다. 간단하게 계산해도 선생 두 명의 월급 6,000달러, 건물 임대료 3,000달러, 운영비가 대략 1,500달러, 그러니까 매달 10,000달러가 넘는 돈이 고정적으로 나간다. 매출은 풀타임 기준으로 학생 1인당 1,000달러 정도 되는데, 그럼 열두 명이 손익분기점이라 할 수 있다.

열두 명. 하기 전에는 정말 쉬운 일이라 생각했지만 막상 해보니 정말 어려운 일이었다. 물론 카할의 월급은 고정비용이 아니라 선택적인 요소였으니까 여덟 명 정도가 들어오면 손익분기가 맞는 상황이었다 해도 말이다. 학생들이 들어오고 돈이 좀 들어와야 산적한 문제들을 해결할 수 있으련만 상황은 좀처럼 나아질 기미가 보이지 않았다.

나는 결국 특단의 조치를 내릴 수밖에 없었다. 에이전트와 관계를 맺는 쪽으로 생각이 기운 것이다. 지키고 싶은 마지노선까지 포기할 생각을 한 건 그만큼 학원을 살리는 것이 시급하다고 생각했기 때문이었다.

학원을 오픈한 이후로 내가 버틸 수 있는 금전적인 한계선이 너무 쉽게 무너지고 있었다. 초기에 너무 많은 예산을 써버린 탓이었다.

지금 같은 상황에선 수익이 문제가 아니라 당장이라도 학생이 들어와야 내일을 기약할 수 있을 것 같았다. 학생을 유치하는 가장 빠르고 확실한 방법은 고객을 손에 쥐고 있는 에이전트와 관계를 맺는 것이었다.

하지만 또 다른 갈등이 나를 기다리고 있었다. 카할은 이런 생각에 근본적으로 매우 회의적이었다. 물론 에이전트와 손을 잡는다는 건 프로모션 방법의 차별화 없이 기존 학원들과 동일한 방법으로 접근한다는 걸 뜻한다. 우리의 근본적인 전략을 포기하는 셈이지만, 당장 뾰족한 대안이 없는 상태에서 다음 달에 막아야 할 돈들을 해결해야 하니 어쩔 수가 없었다. 특별한 프로모션 방법이 있다면 시도했겠지만 저비용으로 가능했던 아이디어들은 이미 다 시도해본 터였다. 그러니 카할도 어쩔 수가 없었다. 그 역시 회사의 상황을 잘 알고 있었으니까.

에이전트와 관계를 맺는다 해도 문제가 깔끔하게 해결되는 건 아니었다. 애초에 에이전트 수수료를 빼면서 가격을 낮춘 것이니 수익 부분에서는 이중적인 부담일 수밖에 없다.

하지만 일단은 소비자가 제품을 맛볼 수 있는 상황을 만들어야 한다고 생각했기에, 어느 정도는 손해를 볼 각오를 했다. 에이전트와 장기적 관계를 맺는 건 힘들고 한시적 방편으로 활용하다가 학생이 어느 정도 유치되면 그때부터 다른 확산 방법을 찾으면 된다는 생각이었다.

유학원의 실상

유학원을 돌면서 어느 정도 예상은 했지만 내가 생각했던 것 이상으로 유학원은 부패되어 있었다. 어느 유학원에서는 나에게 이런 제안을 했다.

"학생 한 명당 30% 수수료 주시고요. 세 명당 한 명은 그냥 저희 쪽으로 다 주세요."

그러니까 학생 한 명이 1,000달러의 수업료를 지불한다면 유학원에선 학생 1인당 300달러의 수수료를 챙기겠다는 말이다. 두 번째 학생까지는 그렇게 300달러씩 수수료를 받고 세 번째 학생에 대해선 수업료 1,000달러를 통째로 갖겠다는 이야기다.

다른 유학원도 사정은 별반 다르지 않아, 일반적으로 수수료 외에 기타 인센티브를 요구했다. 수업료 1,000달러를 기준으로 통상 300달러 정도는 수수료로 받고, 보내준 학생 수에 따라 정기적으로 1,000달러 정도를 더 요구하는 것이었다. 그게 현실이었다.

예상은 했지만 해도 너무한다는 생각이 들었다. 이런 구조라면 유학원들이 학생들에게 올바른 정보를 줄 리도 없었다. 하긴 유학원 입장에서야 학원들이 다 동일하니 별 문제가 아니라고 변호할 수 있겠지만.

여하튼 일주일간 유학원을 약 서른 군데 정도 돌았는데 성과는 하나도 없었다. 자금적으로는 급한 불 끄고 홍보 측면에서는 가격과 무관하게 학생들에게 새로 생긴 학원을 홍보한다는 취지로 유학원과의 연대를 모색했지만, 이건 해도 너무한 상황이었다. 계속 해야 하는 건지 그만둬야 하는 건지 갈등이 되었다. 유통의 힘이 생산자의 힘을 완벽하게 압도하는 시대가 왔다고나 할까. 생산자로서 유통의 힘을 뼈저리게 느끼는 순간이었다.

예전에 제일모직을 다닐 때에도 그런 현상을 심심찮게 보곤 했다. 백화점에서 '특가세일'이라며 중소 브랜드 의류를 50%에 세일하곤 하는데, 사실 그 대부분이 백화점에서 강압적으로 시켜서 하는 일들이다. 오로지 백화점의 매출을 위해서. 그것도 아주 불합리한 계약으로.

예를 들면, 보통 백화점 수수료가 정가의 30%가 넘는데, 100만 원짜리 물건을 팔면 50% 세일을 해도 중소업체들은 정상가인 100만원의 30%, 즉 30만 원을 백화점에 떼어줘야 한다. 50%의 세일 부담도 생산업체가 부담하니, 결국 100만 원짜리 팔아서 30만 원은 백화점에 떼어주고, 50만 원은 세일로 날아가고, 남는 건 20만 원이다.

생산원가나 기타 유통비용이 빠지고 나면 결국 팔 때마다 손해다. 그래도 해야 한다. 안 그러면 백화점에서 나가라 하니 말이다. 한국 시장에서는 백화점에서 나가라는 건 죽으란 소리와 다름없다. 제일모직이야 대기업이다 보니 그런 부당한 대우를 받은 적은 없다. 그래서 그땐 그런 불합리가 내 일이 아닌 남의 일에 불과했다.

그러나 막상 내가 유통업체의 횡포에 당해보니 살의가 솟을 정도였다. 결국 그 부담은 소비자가 떠안는 셈이다. 이런 상황에서 생산업체는 수익을 내기 위해 가격을 뻥튀기할 수밖에 없다. 그러니 옷 가격이 거품이란 소리가 자꾸 나오는 것이다.

여하튼 모든 산업에서 이제는 유통의 힘이 정말 커졌다. 결국 너무 심하다 싶은 유학원을 제외하고는 울며 겨자 먹기로 계약을 했다. 그러나 결과는 좋지 않았다.

그럴 것도 그럴 것이 200개가 넘는 학원들이 너나없이 30% 수수료를 제공하며, 대다수의 중소 규모 학원들이 나와 같은 인센티브를 제공하는데, 더 파격적인 계약을 하지 않는 이상 굳이 새로운 학원에 학생들을 보낼 이유가 없었던 것이다. 시장이 이미 갈 데까지 간 상황이었기 때문에 그 시장을 깰 수 있는 방법은 미친 발악만 남은 상태였다. 그 주인공이 되어볼까도 생각해봤지만, 그렇게 한다 한들 다음 달 급한 불이 꺼질 것 같지는 않았다.

 ## 조 사장님과의 두 번째 만남

이런 암울한 상황에서 생각나는 사람이 있었다. 학원을 하겠다고 했더니, 이 시장 갈 데까지 갔으니 하지 말라고 극구 말리셨던 베스트유학원 조 사장님이었다. 그런데 이미 일은 벌여놨으니 어쩌겠는가. 풀 한 포기라도 잡는 심정으로 조 사장님을 찾아갔다.

"결국 일 벌이셨군요? 한동안 안 오셔서 안 하셨거니 했는데."

조 사장님의 질문은, 사실 모든 답을 알고 있으면서 하는 질문이었다. 나는 기다렸다는 듯이 그간의 상황을 모두 털어놓았다.

"그때 사장님이 해주신 말씀이 생각나서 왔어요. 실은 그때 나가면서 욕하고 나갔거든요. 학원을 시작하겠다는데, 도와준다는 소린 못할망정 도시락 싸가지고 다니면서 말리겠다고 하셔서요. 그런데 결국 사장님 말씀이 맞는 것 같아요."

조 사장님은 화를 내기는커녕 넉넉한 미소로 다정하게 말했다.

"유로 센터 EURO CENTER 아시죠? 꽤나 큰 학원인데도 작년 겨울 내내 25% 할인했어요. 시장 경기가 정말 안 좋아요. 2004년만 해도 제가 바빠서 점심을 못 먹었어요. 그런데 2005년이 되니까 시장이 조금 이상하다는 느낌이 오더라고요. 2006년이 되어서야 느꼈죠. 밴쿠버 학원 경기는 이제 가라앉는다고요. 시장 경쟁이 말도 못하게 치열해지고 혼탁해진 데다가, 전체적으로 파이가 작아지는 상황이에요. 요즘 호주니 필리핀이니 많이들 가잖아요. 밴쿠버는 이제 한물 갔어요. 하지만 학원을 차리셨으니 어떡해요. 할 수 없이 계속 가야지요. 제가 할 수 있는 선에서 최대한 도와드릴게요."

한방 맞은 느낌이었다. 멍했다. 내가 처음 찾아왔을 때 이런 이야기를 해주셨다면 어땠을까? 하지만 이미 너무 늦은 터였다.

"감사합니다. 솔직히 말씀드리면 다른 유학원들도 많이 돌아다녀봤어요. 계약도 저로서는 무리하게 했고요. 매번 제가 방문할 때마다 내일이라도 당장 학생들을 보내줄 것처럼 웃는 얼굴인데, 돌아서면 감감무소식이에요. 혹 사장님도 그러시는 건 아닌지 두렵기도 하고요."

이젠 더 이상 숨길 것도 없었다. 내 말을 듣던 조 사장님은 허심탄회하게 웃으시며 자기도 다른 학원 사장들과 다르지 않노라 말씀하셨다. 이건 단순히 돈 문제가 아니라, 학원계에서의 암묵적인 약속이고 신의와 같은 문제이기 때문이었다.

보통 학원들은 두세 개 유학원들과 계약을 맺고 있는데, 이들은 지난 몇 년간 서로 도우면서 어려운 위기를 함께 넘긴 아주 끈끈한 관계였다. 더군다나 내가 파격적인 계약 조건을 내건다 해도, 시장의 크기가 일정하기 때문에 기존에 관계하고 있는 학원들에도 손님들을 대기 어려운 상황이었다. 더욱이 요즘 같은 불황에는 더더욱 그랬다. 유학원 처지에서는 신생 학원에 고객을 보내는 것은 본업이 아닌 부업 정도였던 것이다. 이런 기본적인 상황을 체크하지 않고 무작정 뛰어들었다니! 나는 불안한 마음으로 계속해서 조 사장님의 얘기를 들었다.

"학원 프로그램이나 선생님 수준이 최고라 하시는데요. 학원 홍보하는 사람들이 자기 학원 프로그램 나쁘다 하겠어요? 저도 그런 입장에서 크게 다르지 않아요. 젊은 친구가 온갖 고생하면서 도전하는 거 보면 안쓰럽고 도와주고 싶은 마음이 있지만, 현실은 또 다르잖아요. 이런 상황이 올까 봐 초면에 그렇게 말렸던 건데. 유학원 하시는 분들도 가진 돈이 많으면 그 나이에 여기서 이런 일 하겠어요? 나이 먹고 어린 친구들 상대하면서 유학원 하는 사람들, 다 돈 없는 사람들이에요. 다들 힘든 사람들이니까 고향 생각이 나더라도 참는 거예요. 그러니 당연히 돈에 민감할 수밖에 없고요. 아무튼 제가 일단 샘플강의에 학생 열심히 보내드리고, 학생들 반응을 볼게요. 수수료는 25% 하면 되요. 학원도 먹고살아야죠."

그렇게 조 원장님과 대화를 마쳤다. 나는 은근히 뾰족한 묘책을 기대하고 찾아간 것이었지만, 돌아오는 길은 한층 더 발걸음이 무거웠다. 시장을 뚫어야 한다는 과제는 명확했지만, 조 사장님 말대로라면 탄탄한 연결고리를 뚫고 들어가기에 내 역량의 부족함을 처절하게 느끼는 순간이었다.

#8-4 불면의 나날

힘겹게 제품을 만들어놓고도 팔지 못하는 상황이었다. 좋고 나쁘고는 다음에 생각하더라도, 우선 소비자에게 평가조차 받을 수 없는 상황이었다. 내가 생각했던 시나리오대로 진행되는 건 아무것도 없었다. 학원은 운영되고 있었지만 내가 짊어진 짐이 너무나 무거웠다.

이전까지 내 인생에서 직면했던 문제들은 답이 그런대로 쉽게 풀렸다. 고민이 있다는 이유만으로 불평했던 삶이었는데, 이번에는 차원이 완전히 달랐다. 무엇보다 괴로운 것은 어떤 고민이든 그 문제

자체가 아니라, 문제를 풀 수 있는 답이 보이지 않는다는 점이었다. 온 힘을 다한다고 했는데도 답은 나오질 않았다. 내게 시간은 곧 돈이었다. 결제해야 할 날은 다가오고, 통장에 잔고는 없고, 학생은 들어올 기미도 보이질 않고…… 사면초가가 따로 없었다.

고민도 고민이지만 그 고민을 털어놓을 수 있는 사람이 있다는 것도 행복한 일이다. 상대에게 특별한 해답을 기대하지 않더라도 그저 털어놓다 보면 스스로 답도 발견하고, 그게 아니더라도 짐이 한결 가벼워지게 마련이다. 나 또한 그런 사람과 소주 한잔 마시며 모든 이야기를 털어놓고 싶었으나 그럴 사람도, 그럴 시간도 없었다.
사람이 그리웠다. 그동안 내가 얼마나 행복했던 사람이었는지도 새삼 느꼈다. 항상 가까이 있어서 잘 몰랐던 고마운 사람들에 대해서 다시 한 번 생각해볼 수 있었던 좋은 기회이기도 했다. 그렇게 한 보름 동안 불면의 나날이 계속되었다.

학원에서는 보통 8~9시쯤 퇴근했다. 학생이 그리 많지 않아서 막상 하는 일은 없었지만, 여러 가지 고민을 하다 보면 어느새 밤이 되어 있었다. 그러면 집에 와서 씻고 쓰러졌다.
몇 시에 잠들든 새벽 두 시면 어김없이 눈이 떠졌다. 고민의 연속이었다. 시간은 흘러도 고객은 반응을 보이지 않았다. 조 사장님이 이따금 보내주셨던 몇 명의 학생들, 길 가다가 우연히 발견하고 등록한 외국인 학생 몇 명이 전부였다. 선생을 하나 더 고용해야 한다는 둥, 여덟 명이 수업을 받기에는 교실이 작다는 둥, 처음에 내가 했던 고민은 세상 물정을 잘 모르는 철부지의 이상에 불과했다. 이렇게 가다가는 이제 추락하는 일밖에는 없었다.

🎬 #8-5 다구치를 찾아가다

궁지에 몰리다 보니 다급해져서 이것저것 가릴 것이 없었다. 정말 절박했다. 나는 같은 건물에서 학원을 운영하는 일본인 사장 다구치를 떠올렸다. 그는 밴쿠버에서 일본인을 대상으로 하는 제일 큰 에이전트와 영어 학원을 동시에 운영하고 있었다. 그 사람을 찾아가면 뭔가 답을 얻을 수도 있다는 생각이 들었다. 일종의 경쟁자인 그에게 머리를 숙이고 한 수 가르쳐달라는 모양새가 부끄럽게 느껴졌지만, 그런 것들을 따질 처지가 아니었다. 이 상황을 돌파할 수만 있다면, 정말 모든 것을 다 할 수 있을 것만 같은 심정이었다.

다구치는 내가 어학 관련 산업의 종사자도 아닌 데다 경험도 없고 이민자도 아니란 사실을 알고 난 후 상당히 놀라워했다. 그러면서 경험 많고 신분이 확실한 이민자들도 학원 사업에 뛰어들기 만만치 않을뿐더러 성공하기 쉽지 않은데 퍽 용감한 결정이라 말했다. 그리고 이렇게 경쟁이 치열한 시장에서 학원을 오픈했다면 나름대로 독

특한 아이디어가 있었을 텐데, 그게 뭔지 궁금하다고 물었다.

나는 당당히 "프로그램과 선생"이라고 대답했다. 프로그램과 선생은 정말 자신이 있었다. 설문을 바탕으로 스피킹과 리스닝을 강화한 프로그램을 개발했고, 선생들도 유명 학원에서 스카우트했다고 말했다. 말이 끝나자마자 그는 뒤편에 있는 칠판에 그래프를 그리기 시작하며 내게 물었다.

"그렇다면 내가 그린 그래프처럼 프로그램과 고객의 구매를 정비례로 생각하고 있다는 이야기 아닌가요?"

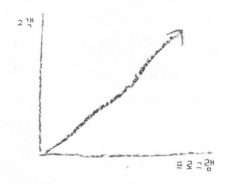

나는 좋은 제품에 소비는 당연히 따라오는 것이라고 대답했다.

다구치는 씁쓸하게 웃었다.

"불행히도 이 시장은 그렇지 않습니다. 그 변수는 전혀 중요치 않아요. 생각해보세요. 이 시장에 당신이 생각하는 가당치도 않은 프로그램으로 운영을 해가는 학원들이 얼마나 많은지요. 거꾸로 이야기하면, 소비자 구매에 프로그램과 선생은 크게 영향을 미치지 않습니다."

그는 새로운 그래프를 그리기 시작하며 말을 계속했다.

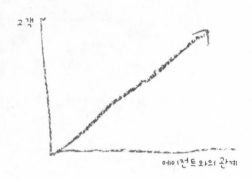

"이 시장은 철저하게 에이전트에 의해 움직이는 시장입니다. 답은 너무나 간단해요. 에이전트와의 관계가 곧, 성공하는 방법이에요. 나 역시도 학원을 하면서 새로운 마케팅 방법은 없을까 늘 고민하지만, 학원 운영 5년째인 이 순간에도 아직 그 비결을 발견하지 못했습니다. 그리고 앞으로도 쉽지 않을 것 같고요.

내 수익의 대부분은 에이전트에서 나옵니다. 학원은 그저 손익분기를 맞추기에 급급하지요. 매해 연말이면 나는 학원을 닫을 고민을 하곤 하지만, 학원을 운영하는 이유는 돈에만 있는 것은 아닙니다. 크리스마스 때마다 학원 졸업생들이 일본에서, 혹은 타국에서 영어 공부를 잘한 덕분에 좋은 직장 얻어 잘살고 있다, 고맙다는 내용의 카드를 보내옵니다. 그런 카드를 보면 정말 뿌듯하고, 힘들지만 내가 그래도 누군가에게 의미 있는 일을 하고 있다는 보람을 느끼게 되지요. 보람, 사실 이것이 내가 학원을 운영하는 이유입니다.

나도 이 바닥에서는 꽤 유명한 사람이에요. 내가 느끼는 건 일반적으로 이 바닥에서 종사하는 사람들도 느끼는 것일 겁니다. 다시 강조하지만 학원으로 돈을 벌고 싶다면 프로그램이나 선생에 신경 쓸 일이 아니라 에이전트와 철저하게 관계를 맺고 사업을 구상해야 합니다."

나는 조 사장님께 했던 이야기를 또다시 꺼냈다. 에이전트를 많이 돌아다녀 봤지만 수익을 올릴 수 없었고, 좋은 프로그램과 선생이면 소비자가 알아줄 것이라 믿었으나 현실이 그렇지 않은 것 같아 답답하다고. 그러자 다구치는 단호하게 말했다.

"문을 닫으세요. 얼마나 투자를 했는지 모르겠지만, 실수를 인정하고 지금 손을 떼는 것이 제일 좋은 방법입니다. 그 이상의 방법은 없어요. 그것이 현재의 손실을 최소화하는 방법이에요. 누누이 강조하지만 5년이나 학원을 운영한 나도 매년 학원을 그만둘 고민을 합니다."

나는 다구치의 말이 너무 단도직입적이라 꽤 당황스러웠다. 하지만 그의 솔직담백한 조언은 고마웠다. 마지막으로 나는 혹시 학원 문을 닫지 않고도 살리는 방법은 없는지 물어보았다.

"굳이 모험을 강행하겠다면 6개월은 그냥 버텨야 합니다. 그만 한 돈이 있으면 하십시오. 그리고 그 6개월 동안은 무슨 수를 써서라도 당신 편의 에이전트를 서너 개는 만들어야 합니다. 기존의 단단한 연대를 맺고 있는 학원과 유학원의 관계에 끼어들려면 인간적인 면,

사업적인 면에서 엄청난 노력이 필요할 것입니다. 그러기 전까지 에이전트는 당신 학원에 그 누구도 보내지 않을 겁니다. 이는 곧 학생이 없는 학원으로의 6개월을 의미하기도 하고요."

다구치와의 대화가 끝난 후 머릿속에는 '좌절'이란 단어와 함께 '깨끗한 정리'라는 단어가 떠오르며 생각이 명확해졌다. 막연하고 허황된 기대를 단칼에 잘라버린 그런 느낌이었다. 이제는 학원을 '어떻게 살리는가'가 아니라 '접는가, 계속 하는가'에 대한 결정을 내려야 할 때라는 생각이 들었다. 사실 그와의 대화 이후에도 대화를 되짚어가며 일말의 가능성을 꿈꿔봤지만, 아무리 생각해도 그의 생각이 옳은 것 같았다. 하지만 아울러 그 자그마한 기대감, 그것이 아직도 내 안에는 남아 있었다. 포기와 기대의 공존이었다.

물론 세상에 정답이란 없는 것이고, 포기가 너무 섣부르단 생각이 들기도 했었다. 또 많은 수는 아니더라도 꾸준히 고객이 들어오고 있었으며, 일단 학원에 등록한 학생들의 고객 만족도도 매우 높았다. 하지만 그 순간 가장 중요한 건 내가 자신감을 상실했다는 사실이었다.

사람이 갈 곳이 있으면 약해진다더니, 그 당시 나는 마음속으로 한국을 생각하고 있었는지도 모르겠다.

어쨌든 당시 상황은 암담했다. 6개월은커녕 당장 다음 달도 버티기 어려운 상황이었다. 그리고 설사 6개월을 버틴다 하더라도 카할과의 관계를 개선하고 이끌어나갈 수 있으리라는 확신도 없었다. 하지만 그런 와중에서도 막연한 기대감은 여전히 남아 있었다. 막다른 길로 몰려도 마치 영화에서처럼 기사회생할 그런 무언가가 있으리라는 생각이 내 머릿속을 떠나지 않았던 것이다. 그런 시간 속에 다시 떠오르는 사람이 있었다. 조 사장님이었다.

#8-6 다시, 조 사장님을 찾아가다

마지막이란 생각으로 조 사장님을 다시 찾았다. 조 사장님이라면 다시 한 번 진실을 이야기해줄 것이라 생각했다.

"학원은 어떻게 좀 진도가 있나요? 나도 열심히 힘은 쓰고 있는데, 다녀온 학생들 반응은 참 좋더라고요."

"정말 감사합니다. 그렇게 고객도 보내주시고요. 실은 에이전트 중에서 조 사장님만 보내주셨죠."

"하하하, 저도 제가 잘하는 짓인지 모르겠네요. 식물인간 산소호흡기 같이 그렇게 막연한 기대감만 재오 씨가 갖게 하는 건 아닌지."

"식물인간이라, 듣기는 거북해도 참 적절한 표현이네요. 사실은 오늘 조 사장님하고 사무적인 것보다도 개인적인 고민을 상담하러 왔어요. 첫 만남부터 지금까지 직설적으로, 그리고 솔직하게 이야기해주셔서 고맙기도 하고, 제가 여기서 이런 고민을 상담할 사람이 없기도 하고요. 사실 며칠 전에 다구치 사장을 만나서 조언을 부탁

했는데, 문 닫으라 하더라고요. 그러면서 이런저런 이야기를 해주셨는데 마음이 많이 흔들리네요."

"사실 저도 막상 재오 씨한테 대놓고 이야기하진 못했지만 그게 최선의 방법인 것 같아요. 재오 씨 요즘 잠 안 오죠? 남들이야 그냥 문 닫으면 저 가게 문 닫았네 하고 지나칠 테지만, 그 가게 사장 마음은 당사자밖에 모르죠. 매일 잠도 안 오고, 그렇다고 딱히 답도 안 나오고. 아주 죽을 맛이죠."

"어떻게 그렇게 잘 아세요? 사장님도 경험이 있으신가 봐요?"

"나도 젊었을 때 뭐 한다고 시도했다가 쪽박 차고, 지금 이렇게 조그맣게 유학원 하잖아요. 그나저나 그럼 문 닫기로 결정한 거예요?"

"아직 잘 모르겠습니다. 사람이니 혹 이러다 기사회생하진 안을 까라는 작은 기대가 있기도 하지만. 또 자금적인 부분은 상당히 악화된 상황입니다. 정말 어떻게 해야 할런지."

"글쎄요. 문을 닫는 결정도 중요하지만, 어떻게 닫는가도 중요해요. 무작정 닫고 한국으로 가는 것은 모양새가 너무 안 좋아요. 그럼 캐나다는 다시 못 온다고 봐야죠. 선생들은 그냥 월급쟁이죠?"

"아뇨. 한 선생은 제가 지분 25% 주고 월급은 차후에 수익이 나면 주기로 했어요."

"아이고, 재오 씨! '자승자박 自繩自縛'이란 말 알아요? 완전히 실수했네. 이 사람들 얼마나 무서운데요. 큰일이네. 그냥 한국 들어가세요. 문 닫는다 하면 또 이것저것 법적인 걸로 물고 늘어질 수도 있어요. 이 친구들이 좋을 때야 다 좋지만, 일 틀어지면 사람 확 바뀌는 거 몰라요? 부모도 고소하는 사람들인데. 그때 처음 봤을 때 말렸어야 했는데. 한동안 안 오셔서 포기했나보다 했어요. 그때 제가 그랬잖아요. 저희 유학원에서 그냥 저나 좀 도와주고 하시라고. 그렇게라도 상황을 좀 보시면 이렇게까지는 안 왔을 텐데. 너무 왔어요. 곁에서 보는 것하고 많이 달라요. 그렇잖아요. 그나저나 큰일이네요. 어쩐다……."

"조 사장님 이야기 들으니 회사 접는 결정은 둘째 치고, 어떻게 접는가가 더 큰 문제네요. 이를 어쩌지요?"

"재오 씨, 전화번호 놓고 가세요. 참, 그리고 그때 교회 다닌다고 했죠?"

"네, 그렇지 않아도 요즘 하나님이 생각이 많이 나네요. 절실히 기도하고 있진 못하지만요."

"재오 씨, 기회가 왔어요. 기도하세요. 고민을 남들한테 이야기한다고 답이 나오는 건 아니에요. 물론 답답하니까 누군가와 이야기하고 싶을 테지만, 그러지 마세요. 여기까지 온 것도 어쩌면 다 사람들한테 속은 거잖아요. 후배들은 분명히 학원 오픈하면 간다고 했을 것이고, 주변 사람들은 그런 프로그램이면 잘될 거라고 했을 테고. 주변 사람들은 그냥 그렇게 이야기하는 거예요. 재오 씨, 하나님과 대화하세요. 기도하세요."

더 이상 영업을 방해할 수 없어서 나왔다. 상담을 기다리고 있었던 학생들이 길게 줄을 선 채 기다리고 있었기 때문이다.

마음의 정리

마음이 더 무거워졌다. 학원을 포기하는 것 자체도 힘든 결정이었는데, 이젠 포기하는 방법까지 문제가 되어버렸으니 혹 하나를 더 붙여 온 셈이었다. 들어올 때는 마음대로 들어와도 나갈 때는 마음대로 못 나가는 격이랄까. 그렇게 또 일주일이 흘러갔다. 답 없는 하루하루를 보내며 내 인생에서 가장 힘든 결정을 앞두고 있었다.

학원 내부적으로도 카할과의 갈등이 잦아졌다. 한 사례로 학원의 주요 정책으로 학원 내에서는 무조건 영어만 써야 하는 'Only English'가 있었는데, 각국에서 온 친구들이니 자국 말을 사용하고 싶은 본능을 방지하려고 매우 엄격하게 유지하고 있었다.

그런데 한국 학생이나 일본 학생이 등록하러 왔을 때, 나와 나오코는 당연히 그들에게 자국어로 상담을 하곤 했다. 프로그램이나 학원 광고는 물론이고 한두 푼도 아닌 돈을 내고 등록하는 것이니 처음부터 끝까지 설명할 것도, 할 말도 참 많다. 그리고 자국어로 학원 제품을 홍보하고 판매하는 것은 내가 생각할 때 세일즈의 최대 장점 중 하나였다.

그런데 카할이 이것을 문제 삼았다. 학원 내에서 자국어로 이야기하는 것이 금지된 상황에서 그 규칙을 스태프가 깬다는 것이었다. 하지만 내가 한국인을 상대로 물건을 팔 때, 영어로 설명하는 것과 한국어로 설명하는 것 중 무엇이 더 설득력이 있겠는가. 카할이 정상적으로 생각하고 있는지 의문이 갈 정도였다. 물건을 판매하는 것은 최대한 효율을 극대화해야 하는 것 아닌가 하는 생각에서였다. 하지만 카할은 받아들이지 않았고, 이날 나와 카할은 크게 싸웠다.

이런 상황에서 그레이엄은 여러모로 내 마음에 쏙 들게 일을 하고 있었다. 비디오 강의도 그랬고 학생들도 자신들의 이야기를 잘 들어주는 그레이엄을 더 선호하는 분위기였다. 나 역시도 그가 대화하기 편했고 호흡도 잘 맞았다.

점차 카할과 대화하고 그에게 지시했던 내용을 그레이엄에게 얘기하기 시작했고, 카할은 자신을 배제한 채 일을 처리하는 것에 대한 강한 불만을 표출하기 시작했다.

큰 싸움 이후에는 술로 갈등을 풀고, 또다시 갈등 후 술로 풀고 하는 일이 일주일에도 몇 번씩 반복되었다. 장기적으로 투자하고 학원을 가꾸어간들 카할과의 이러한 지속적인 갈등이 해결될 수 있을까라는 생각까지 겹치며 미래에 대한 고민은 더욱 가중되었다. 외부적으로 내부적으로 모든 문제가 심화되고 해결될 기색을 보이지 않았다.

학생은 모두 열 명 남짓이었다. 하지만 금전적으로는 만족스럽지 못한 상황이었다. 고정적으로 나가야 할 돈이 매달 약 10,000달러가 넘는 수준이었는데, 손익분기를 넘기려면 열다섯 명 정도의 학생이 필요했다. 내 월급은 둘째 치고 학원의 손익분기점도 넘기기 힘든 상황이었다. 숫자상으로도 사업계획과는 아주 큰 차이를 보이며, 현실은 비껴가고 있었다.

　어디서부터 계획이 꼬였는지 알 수 없었다. 나름대로 멋지게 잘해온 것 같은데, 최악의 상황으로만 치닫고 있었다. 당시에 밀려 있거나 곧 처리해야 할 돈, 그러니까 일종의 채무금으로 선생 월급이 3,000달러, 다음 달 건물임대료가 3,000달러, 그리고 각종 공과금 및 기타 비용이 한 1,500달러쯤 되었다. 학생이 추가로 들어오지 않는다면 대략 7,500달러가 더 있어야 할 상황이었다.
　학원을 그만두더라도 수천 달러는 더 있어야 정리가 될 판이었다. 학원을 팔면 정리가 될까도 생각해봤지만 너무 막연했다. 누가 그런 학원을 구매하겠는가. 설사 구매한다 치더라도 팔리려면 시간이 필요할 것이고. 시간은 역시 돈이었다. 선생들과 터놓고 이야기해야 할 시점이라는 생각이 들었다.

　딱히 계획을 갖고 선생들과 자리를 마련한 것은 아니었지만 그래도 그들의 입에서 무엇인가 학원을 살릴 수 있는 묘책이 있지 않을까, 혹은 회사를 위한 그들의 희생이 있지는 않을까 기대를 했지만 현실은 현실이었다.
　그레이엄은 월급 없이는 일을 할 수 없다 했고, 카할은 자신과 내가 둘로 다시 시작하길 원했다. 학원의 규모를 반으로 줄이자는 제의도 나왔다. 하지만 현실적으로 의미 없는 이야기였다. 선생 하나에 코딱지만 한 학원으로는 그 치열한 경쟁에서 승리할 가능성이 전혀 없었다. 에이전트들도 웃을 노릇이었다. 선생 하나인 영어 학원, 굳이 더는 해야 할 이유가 없었다. 솔직히 그레이엄이 다소 희생해 줄 것을 기대했는데 그렇지 않았다.

이제는 학원을 접을 때라고 생각했다. 직면해 있는 상황에서 할 수 있는 모든 일은 다 했다. 그리고 모두 허사였다. 하지만 회사 문을 닫기도 쉬운 일은 아니었다. 처리해야 할 돈도 있었고 카할과의 관계를 정리하는 것도 쉬울 것 같지 않았다. 모든 게 복잡했고 머릿속이 터질 것만 같았다.

그렇게 시간은 자꾸 흘러가 3월을 눈앞에 두고 있었다. 부푼 꿈을 안고 밴쿠버에 도착한 지 1년이 되는 것이다. 그때는 이런 일이 있을 거라고, 지금 내가 이렇게 될지도 모른다는 걸 상상도 못했다. 복잡한 상황을 해결하고 싶었지만, 아무리 머리를 굴려봐도 답을 찾을 수 없었다. 머리가 터질 것 같았다. 생각할 시간이 필요했다. 숲에서 나와 숲을 바라볼 시간이 필요했다.

'일단은 한국으로 돌아가서 시간을 두고 깊게 생각해보자.'

그리고 그 주 금요일에 한국으로 가는 비행기를 예약했다. 물론 그 누구에게도 알리지 않은 채. 일종의 야반도주였다. 젊은 사업가의 힘찬 도전이 할리우드 영화처럼 해피엔딩으로 끝나길 기대했지만, 김 빠진 맥주처럼 싱겁고 허무하게 끝나버렸다는 생각에 몹시 우울하고 허탈했다.

🎬 #8-8 출국 전날 얻은 깨달음

한국으로 돌아오기 전날 목요일이었다. 마음이 착잡했지만, 다른 날과 똑같이 학원에 출근해서 일상 업무를 진행했다. 하지만 뭔가 어색한 게 있었는지 나오코가 내게 괜찮냐고 몇 번이나 물어왔다. 사람의 감정은 역시 숨길 수 없는 것인지, 한국으로 돌아갈 생각을 하니 오만 가지 생각으로 가슴이 답답했다.

그러다 문득 지난번 다구치 사장과 나눴던 대화 중 한 대목이 생각났다. 자신의 학원이 성공하는 이유 중 하나가 카운슬러에게 있다는 말이었다. 예전에는 학원을 알아보고자 들른 방문객 열 명 중 두세 명이 등록을 했는데, 그 카운슬러가 온 이후에는 열 명 중 일고여덟 명이 등록을 한다는 것이었다. 불현듯 그녀만의 핵심 경쟁력이 궁금해져서 무작정 그녀를 찾아갔다. 다구치 씨가 운영하는 학원이 같은 건물에 있어서 그 카운슬러와는 자주 인사를 하고 지내는 사이였다.

나는 그녀에게 다구치 씨가 자기 학원이 성공한 최대 이유로 당신을 꼽았노라 말하면서, 그 이유를 물어보았다. 그리고 그녀의 대답에서 그간 내가 중요하게 놓치고 있었던 사실 하나를 깨달았다.

"제가 오기 전에는 고객과의 상담은 사장님이나 선생님들이 했죠. 지금 제가 하는 일을 전문적으로 하는 사람이 없었어요. 제가 하는 상담이 사장님이나 선생님들이 하던 상담과 크게 다른 점이 있다면, 그건 아마 고객에 대한 관심일 거예요. 그들에게 진실한 마음으로 조언하려는 자세쯤 될까요? 아마도 사장님과 선생님들은 고객에게 상품을 팔고자 애썼을 거예요. 학생 등록이 목표였다고나 할까요? 하지만 전 학생들에게 올바른 조언을 하는 것을 목표로 해요. 그게 아마 큰 차이일 거예요."

그러면서 그녀는 내게 그동안 작성해온 고객일지를 보여주었다. 그 고객일지는 대단했다. 고객이 질문한 내용과 그에 대한 응답, 고객 특성까지 빼곡하게 적어놓은 일지였다.

"이곳을 찾는 이들은 영어에 대한 고민이 많은 친구들이에요. 그리고 누구나 영어의 중요성은 잘 알고 있고, 필요성을 느끼고 있죠. 다만 어떻게 공부하면 되는지 방법을 잘 모르고 있고, 개인의 특성에 맞는 공부법을 알고 싶어 해요. 그래서 우선 이들이 자신들의 이야기를 할 수 있게 질문하고 저는 들어요. 충분히 이들의 이야기를 들었다 싶을 때 그제야 제가 이야기를 하지요. 그때도 학원 이야기는 될 수 있는 대로 하지 않고, 공부 방법으로 이런 방법이 좋겠다는 이야기를 해줘요. 그게 전부예요. 가장 큰 차이는 이들의 이야기를 듣는다는 거예요. 그리고 성심성의껏 고민을 해결해주기 위해 노력하는 자세를 보인다는 것, 아마 그것이 이들의 마음을 사로잡는 방법이 아니었나 싶네요. 사실 저도 잘 모르겠어요."

대화가 끝난 후 한 방 크게 먹은 느낌이었다. 누구나 아는 것 같은, 그러나 그 무엇보다 실행하기 힘든 비밀. 그녀에게는 진실이 있었다. 진정성!

그런데 그녀와 이야기한 그날 저녁, 바로 그 내용을 내가 직접 체험하는 상황이 발생했다.

학원이 끝난 후, 나는 한국에 돌아갈 때 가져가야 할 서류들이며 비품들을 정리하고 있었다. 저녁 여섯 시쯤 되자 한국인 학생 한 명이 아는 전도사님 소개로 찾아왔다면서 들어섰다. 그날 기분은 글쎄, 쉽게 표현하기 힘든 그런 감정이었는데 분명한 것은 그동안 손님들을 대했던 태도와는 다른 태도로 그 학생을 맞이했다는 점이었다. 하지만 돌이켜보면 나는 그날 처음으로 내가 학원을 만들려 했을 때의 마음, 그 진정한 마음으로 학생을 대하고 상담해주었다.

"어학연수요? 학원은 되도록 짧게 다니세요. 그 외에는 외부에서 활동할 수 있는 일들을 찾으세요. 대학교 청강도 좋고 인턴십도 좋아요. 봉사활동도 좋고요. 밖으로 나가서 젊고 깨어 있는 캐나다 지성인들 많이 만나시고 많은 것을 보세요. 학원도 유학원이 추천하는 학원은 다니지 마시고요. 밴쿠버 오신 지 일주일 정도 되셨으니 조급한 마음 갖지 마시고, 한 보름 동안은 도시 구경한다고 생각하면서 이곳저곳 다니며 학원도 돌아보세요. 직접 눈으로 확인하고 공짜 수업도 들어가면서 본인에게 가장 잘 맞는 수업을 찾으세요. 학원에서 그 수업 듣는 한국인들에게 정보도 얻으시고요. 그리고 학원은 절대 3개월 이상 등록하지 마세요. 한두 달 등록은 괜찮아요. 등록도 학원에서 직접 하지 마시고, 유학원에 가서서 하세요. 유학원도 한 곳만 가지 마시고 최소 세 곳 이상은 둘러보세요. 기존 가격에서 5~10% 정도 할인받으실 수 있을 거예요."

학원 사장으로서는 미친 카운슬링이었다. 내 학원을 선전해도 부족한 판에 3개월 이상 학원에 다니지도 말고, 등록도 유학원에서 하라니. 하지만 그 학생의 반응은 뜻밖이었다. 당장 우리 학원에 등록을 하겠다는 것이었다.

"사실은 저도 비록 일주일이지만 학원도 둘러보고 유학원도 가보고 했는데 많이 실망스럽더라고요. 근데 사장님처럼 말씀하시는 분은 처음 봐요. 사장님 같은 분이라면 학원을 믿을 수 있겠네요. 등록할게요."

번개가 머리를 스치는 기분이었다. 내가 이제껏 가장 중요한 것을 놓치고 있었다는 생각이 그제야 들었다. 학원을 위한 조언이 아닌 그 학생을 위한 조언, 물건을 위한 상담이 아닌 사람을 위한 상담이 무엇인지 나는 그날 저녁 알 수 있었다. 제품을 팔기 위한 고객응대가 아니라 진정한 마음으로 고객을 위하는 태도, 그것이 결국 내 고객을 만드는 서비스 정신이란 것을 말이 아닌 몸으로 직접 느낀 것이다.

나는 언젠가 만들 내 회사의 이름을 'E-PLANET'이라 지었다.

Entertainment Planet! 모두가 즐거워할 수 있는 회사를 만들고 싶었다. 고객도, 일하는 사람도, 투자하는 사람도 모두가 즐거운 회사. 그래서 학원 이름도 '학생이 우선이 되는 학원'이라는 뜻으로 'Students First'라고 지었다. 학원을 만들 때는 이런 굳은 결심을 했지만, 상황이 어려워지니 나 자신도 변하고 있었다.

학생에게 사기를 치거나 없는 것을 있다고 한 것은 아니지만, 회사가 어려우니 당장 내가 살아야겠다는 생각이 앞섰던 것이다. 학원을 알아본 학생에게 그저 등록을 시켜야겠다는 일념 하에 프로그램을 소개하고 학원 자랑만 늘어놓는 그저 평범한 세일즈맨이었던 것이다. 그때 내 모습은 손님에게 자신의 물건을 어떻게든 팔고 말겠다는 생산자, 판매자 중심의 장사꾼에 불과했던 것이 아니었을까.

고객가치, 소비자 중심이란 것은 결코 멀리 있는 말이 아니지만 그것을 실천하기란 얼마나 어려운 것인지, 나는 이것을 깨우치고자 일 년을 그렇게 고생했는지도 모른다.

다음날 아침, 나는 한국으로 아주 조용하게 돌아왔다.

내가 잃은 것과
얻은 것

9

지난 1년을 정리하며

내가 잃은 것과 얻은 것

후배들에게

새로운 시작을 꿈꾸는 이들에게

내가 얻은 비즈니스 교훈들

# 지난 1년을 정리하며

한국에 돌아온 다음, 모든 연락을 끊고 잠적에 돌입했다. 일주일 정도 고민하고 있는데, 뜻밖에 답이 쉽게 보이는 게 아닌가. 조그맣게 남아 있던 미련도 사라졌다. 모든 실수를 깨끗이 인정하고 포기하게 되었다. 사람이 일에 치이다 보면 사고력도 떨어지는지, 그곳에서는 그렇게 정리되지 않던 일들이었다. 나는 차근차근 모든 것을 정리한 다음, 카할에게 메일을 보냈다.

"한국에 생각을 정리하러 들어왔어. 연락하지 않고 온 건 미안하지만, 당시 상황으로는 그 자리를 피해서 생각하고 싶었어. 일주일 동안 심사숙고한 끝에 결론을 냈어. 나는 내 모든 실수와 착오를 인정하고, 현 상황에서 모든 것을 포기하기로 했어. 카할 너에겐 두 가지 선택권이 있어. 하나는 학원을 무료로 인수하고 운영하는 것, 다른 하나는 폐업신고를 하고 학원을 정리하는 것. 건물에 12,000달러 보증금 있으니, 폐업 시 발생할 비용들은 충분히 감당할 수 있을 거야. 아울러 그레이엄에게 이번 달 월급을 주지 못하고 온 것이 무척 마음에 걸리니 가급적 잘 처리해주길 부탁할게."

며칠 뒤 카할로부터 답장이 왔다. 모든 것은 다 정리했고 자신이 학원을 더 운영해볼 생각이라고 했다. 그리고 그렇게 일 년 동안의 모험이 막을 내렸다.

사실 인생공부를 하는 데 수업료 냈다 생각하면, 그동안 들어간 5,000만 원 정도는 아무것도 아니었다. 우스운 소리지만 좋은 차 한 대 뽑았다가 1년 타고 사고 났다 생각하면 될 것 같기도 했다. 하지만 그간의 산 경험들은 무엇보다 소중했다. 돌아와서 한 달 정도 나는 그간에 있었던 일을 복기하면서 잘한 일과 잘못한 일들을 생각해 보았다.

　누군가는 요즘 젊은 친구들이 노동을 가볍게만 보는 면이 있어 안쓰럽다고 하면서, 노동은 생존을 위한 처절한 행위이며 가치 있는 일이라고 말하곤 한다. 그런 관점에서는 내가 했던 행동들이나 또 앞으로 할 고민은 사치스러운 행위일지도 모르겠다.

　하지만 나는 노동을 삶을 위한 생존의 행위라기보다 그 이상의 재미와 행복, 가치와 같은 무형적인 무엇인가를 찾아가는 방법이라고 생각한다. 스필버그는 돈을 벌고자 영화를 만든 것이 아니라고 한다. 영화를 만들고자 했는데 그것이 돈을 벌어주었을 뿐이다. 자신이 좋아하는 일을 통해 돈을 벌고, 그 돈으로 다시 자신이 좋아하는 일을 할 수 있는 사람은 얼마나 행복한 사람인가.

　나는 아직 생존을 위해 몸부림을 치며 노동을 하고 싶은 생각은 없다. 친구들은 이런 나를 두고 철이 덜 들었다고 하지만, 나는 내가 사랑하는 일을 하면서 그 안에서 행복을 느끼고 싶다. 그리고 실제로 지난 한 해 동안 많은 고민 속에서 그 키워드를 찾아냈다.

　영어 학원을 시작하면서 학원사업을 내 꿈을 위한 전초기지쯤으로 여겼던 것은 무척 건방진 생각이었다. 그 일에 목숨을 걸고, 또 그 일을 사랑하면서 시작하는 사람들도 성공하기 힘든 일을 무턱대고 시작해 성공하려 했던 내 기대는 오만이고 무리였다.

　사랑할 수 있는 일을 할 때, 그 일에 정말 내 모든 것을 걸 수 있을 때 성공이란 말도 할 수 있다. 어쩌면 많은 사람들이 고민하는 것도 결국 이런 장인정신일지 모른다. 내가 하는 일을 사랑하고 내 모든 것을 걸 수 있을 때, 내가 과거에 고민했고 지금도 고민하고 있는 행복, 그리고 성공도 가능하니 말이다.

내가 잃은 것과 얻은 것

잃은 것

- 돈 5,000만 원 남짓

  (사실상 나는 삼성 입사 전 빈털털이로 다시 돌아왔다.)

- 1년이란 시간

얻은 것

- 내가 즐길 수 있는 일
- 출판을 통한 내 이름의 책
- 캐나다에서 만났던 수많은 친구들
- 잊고 살았던 하나님
- 그리고 그 무엇보다도 소중한 1년간의 값진 경험과 교훈들

나는 지난 한 해를 정말 치열하게 보냈다. 정말 내 인생을 걸고 도박을 한다 생각했고, 이러다 잘 안 되면 내 인생은 저 멀리 인생의 바닥으로 굴러떨어질 것이라 생각했다. 그래서 더욱 절박했고 치열하게 살았다. 하지만 결과는 앞에서 정리했듯, 얻은 것보다 잃은 것이 더 컸다. 지난 3년 동안 피땀 흘려 모았던 금쪽같았던 돈을 거의 모두 잃었고, 그간의 꿈도 잃는 것 같았다.

하지만 신기하게도 그동안의 절박함, 그리고 용기에 대한 보답이 다른 곳에서 싹을 틔웠다. 지난 5년이 내가 사랑하는 일과 미래를 찾기 위한 절박한 싸움이었다면, 이제는 내가 즐길 수 있는 일에서 결과물을 만들어내는 일에 또 다른 싸움이 날 기다리고 있다. 하지만 지난 5년간의 싸움보다 더 즐거운 싸움인 동시에 자신감도 있는 싸움이다.

재미있는 사실은, 잃은 것보다 얻은 것이 훨씬 크다고 스스로 생각하는 이 순간에도 지난 내 경험을 남들에게는 추천하고 싶지는 않다는 것이다. 이는 내 실력이었다고 하기보다는 운이 좋았다고 평가하고 싶기 때문이다. 물론 꿈이 있었고, 남들이 쉽게 하지 못하는 일들을 몸소 실천했기에 그러한 행운이 따랐을 것이다.

하지만 누군가 나처럼 지금 당장 사표를 던진다고 한다면 우선 말리고 싶다. 이유는 간단하다. 나처럼 하더라도 지금 내가 누리고 있는 이러한 기회들을 잡으리라고는 결코 보장할 수 없기 때문이다.

중요한 것은 정말 치열하게 고민하고 살았음에도 내 뜻대로 되지 않았던 데는 그만한 이유들이 숨어 있었다는 사실이다. 난 지난 한 해 동안 그것을 깨달았다. 그리고 그 숨은 사실들을 함께 공유하고 싶다. 누군가 나와 같이 도전하려고 한다면, 적어도 내가 범했던 오류들은 피해 가길 간절히 바라면서.

#9-3 후배들에게

성공은 이미 하나의 트렌드가 되었다. 그것도 'A는 B해서 성공했다'와 같이 일종의 공식이 되어 열병처럼 퍼져 있다. 그리고 열병 가운데에는 항상 돈이 있다.

그런 면에서 내 이야기는 초라한 것일지도 모른다. 1년간의 모험은 말 그대로 모험으로 끝났으니 말이다. 하지만 나는 내 이야기가 그러한 성공 스토리와 결코 상반되는 것이 아니라고 생각한다.

나 역시 돈을 벌어서 조금 더 풍요로운 삶을 살고 싶고(물론 그 돈을 어떻게 쓰고 싶은가는 또 다른 이야기지만) 내 아이가 원하는 것은 가능한 한 모두 해줄 수 있는 그런 아버지가 되고 싶다. 하지만 물질적으로 풍요로워지기 이전에 생각해야 할 것들이 있다. 나는 대학생들을 포함한 취업전선에 있는 후배들에게 이런 이야기를 해주고 싶다.

사실 나는 그 친구들에게는 선망의 대상이었다. 삼성맨에다 많은 사람들이 부러워하는 '패션 MD'라는 직업을 가졌던 사람이었으니까. 하지만 나는 그 자리에서 결코 행복하지 않았고, 스스로 가시밭길을 선택했다.

어렸을 적에는 누구나 커다란 꿈을 품고 있기 마련이다. 나 또한 초등학교 때 "너 커서 뭐가 될래?"라고 누가 물으면 과학자 혹은 목사라고 대답하곤 했다. "샐러리맨이 되고 싶어요"라고 말한 친구는 없었을 것이다.

하지만 취업전선에 있는 대학교 4학년 학생들에게 꿈이 뭐냐고 물으면 "공기업 입사! 대기업 입사!"가 대다수이다. 무엇이 그들을 그렇게 변하게 했을까. 그 꿈에 특별한 이유는 없다. 돈을 많이 버는 안정적인 직장이라는 게 전부다. 이것이 세상을 사는 방법이고, 어쩔 수 없는 현실이라 치부해버린다. 하지만 그것이 정녕 현실적인 일인가.

사람들은 그들의 얼굴만큼이나 각기 다양한 성격과 재능을 가졌다. 각자가 잘할 수 있는 일이 모두 다르며, 좋아하는 일도 다르다. 막연하게 '패션 대기업'이라는 키워드만을 가지고 입사했던 내게 현실의 벽은 너무나도 높았다. 현실적인 성공도, 스스로의 행복감도, 그 아무것도 찾을 수 없었다.

취업을 하지 말라거나, 모두 창업을 하라는 이야기는 절대 아니다. 스스로 잘할 수 있는 일을 하지 못할 때는 프로도 될 수 없고, 치열한 경쟁의 무대에서 성공할 수도 없다는 말이다.

"천재는 진짜 그 일을 노력하는 사람을 이길 수 없고, 노력만으로 일하는 사람은 그 일을 즐기는 사람을 이길 수 없다."

자신이 즐길 수 있는 일을 찾아내고 그 일에 도전하는 것, 비록 조금 늦어 보이지만 결국 그것이 성공의 지름길이 아닌가 한다. 취업 전선에서 100개가 넘는 이력서를 남발하는 젊은 청년이 아니라, 자신이 즐길 수 있는 일을 찾아 착실히 준비해가는 자세, 그런 삶의 태도가 중요하다.

"내가 하는 일에 아마추어로 남아 인생을 생존이라는 과제로 투쟁할 것인가? 아니면 내가 하는 일에 프로가 되어 내 인생의 가치를 찾을 것인가?"

취업 일선에 있는 젊은 후배들에게 가장 묻고 싶은 질문이다.

 ## 새로운 시작을 꿈꾸는 이들에게

첫 단추를 잘못 끼웠다. 하지만 막상 끼워놓은 단추를 다 풀고 시작하자니 용기가 나질 않는다. 그렇다고 잘못 끼워진 옷을 계속 입고 있을 수도 없다.

지금 이 순간에도 지긋지긋한 일을 당장 그만두고 싶은 마음이 굴뚝같은 사람도 있을 것이고, 아예 현실을 포기한 사람도 있을 것이다. 하지만 한 번 사는 세상, 큰돈 벌어 떵떵거리며 살진 못하더라도 행복하게는 살아야 하지 않겠는가.

내가 즐길 수 있는 일을 지금이라도 찾는 것이 중요하다. 사람들은 대부분 "도대체 내가 좋아하는 일이 뭔지 모르겠다"고 얘기하지만, 이것은 모르는 것이 아니라 회피하는 것이다. 좋아하는 일이 결코 없을 리가 없다.

다만 좋아하는 일이 돈이 되지 않는 일이 많다 보니까 포기하고 회피하는 것이다. 스스로에게 한번 물어보라. 자신이 좋아하는 일이 정녕 없는지. 아니면 좋아하는 일이 있음에도 이런 저런 이유로 현실과 타협하고 본인 스스로 합리화하고 있는 건 아닌지.

자신이 좋아하는 일을 찾았고, 그것을 하겠다고 결심했다면 착실하게 준비해야 한다. 당장 나처럼 회사를 박차고 거리로 뛰어나오라는 이야기는 절대 아니다. 그럼 나처럼 실패한다. 차근차근 계획을 세우고 순서를 밟아가며 준비해야 한다. 준비란 멀리 있는 것이 아니다. 나 또한 회사에 다닐 땐 준비가 내 현실과는 동떨어진 다른 곳에 있다고 생각했고, 그래서 회사를 그만두어야만 할 수 있다고 여겼다. 하지만 절대 그렇지 않다. 모든 시작은 아주 작은 일에서부터 할 수 있다.

내가 진심으로 영어 학원을 차리고 싶었다면, 자그마한 웹사이트부터 시작할 수 있는 일이었다. 외국인 시간강사를 한두 시간씩 불러 강의를 찍고 웹에 올려 학생들의 반응을 살피는 일이라면, 회사에 다니면서도 가능한 일이었다.

글쓰기를 좋아하는 사람이라면 주말에 취재를 하고, 작은 신문사에 기고하는 일부터 시작할 수 있다. 아니면 블로그를 운영하면서 글을 게재하는 것도 좋다. 요리를 좋아한다면 요리학원에 다니면서, 주말에는 주변 사람들을 초대해서 조촐한 파티를 열어보면 된다. 영화를 좋아한다면 6mm 카메라 촬영부터 시작할 수 있을 것이다.

첫 단추를 애초에 잘 끼웠다면 이런 고생을 할 필요가 없겠지만, 좋든 싫든, 어쨌든 우리는 지금 이 자리에 서 있다. 내가 좋아하는 일을 찾았다면, 아주 작은 것에서부터 시작하는 것이다. 그렇게 하다 보면 나도 모르는 새 길이 보이고, 그 길을 걸어가는 또 다른 나를 발견할 수 있으리라.

나 역시 또 다른 시작이다. 하지만 시작이 두렵지 않다. 내가 무엇을 해야 할지 알았기 때문이다. 나는 세상 사람들을 만나서 그들과 이야기하고, 나와 그들의 이야기를 글로 쓰려 한다. 물론 당분간은 또다시 회사의 울타리 안으로 들어가서 내 입에 풀칠해야 할 문제들을 해결해야 하겠지만, 내가 사랑할 수 있는 일을 다시 준비할 것이다. 그리고 이 책은 그 시작이다.

가장 늦었다고 생각할 때가 가장 빠른 시작점이다. 행복해져야 부자도 될 수 있다.

내가 얻은 비즈니스 교훈들

다음은 내가 회사를 경험하면서 느끼고 깨달았던 사실들이다. 혹 누군가 사업을 새로 시작하려 한다면 내가 가볍게 여기고 실수했던 점들을 다시 한 번 되짚어보고 참고하길 바란다.

1. 스스로 합리화하고 속이지 말라

'도대체 저런 터에 누가 가게를 차릴까, 도대체 생각이 있는 걸까?'라고 생각되는 그런 터에도 어김없이 가게들은 생겨나고, 얼마 지나지 않아 가게가 없어지는 일들은 지금 이 시간에도 끊임없이 반복되고 있다.

하지만 그런 가게를 오픈한 사장님을 만나서 이야기를 해보면 다들 우리와 같은 평범한 사람들이다. 결코 지능이 떨어지거나 바보 같은 사람들이 아니다. 그런데 그들은 왜 누구나 100% 망할 것이라 생각하는 그런 곳에 가게를 오픈하는가?

바로 스스로 자기 합리화에 빠지기 때문이다. 지금 내 수중에 1억이 있다고 가정하자. 이 돈으로는 목 좋은 강남 한복판은 어림도 없다. 하지만 어쩌겠는가. 1억 가지고 찾으니 바로 그 터다. 처음에는 힘들겠다고 생각하지만, 가게 터도 싸고 노력해서 조금 더 팔면 월급이야 나오지 않겠는가, 하고 생각한다.

대부분의 사업가들이 이렇게 생각한다. 스스로 자기 처지를 합리화하는 것이다. "놀면 뭐 하나, 빨리 움직여야지"라는 생각, 문제는 거기서부터 시작된다.

　나는 포커나 경마를 참 좋아한다. 그 게임의 중요한 포인트가 하나 있는데, 게임의 참여 여부는 내가 결정한다는 것이다. 참여하지 않으면 돈을 절대 잃지 않는다. 물론 따지도 못하지만 말이다. 하지만 참여한다는 '콜Call' 사인과 동시에 나는 잃거나 또는 따거나 하는 5:5 확률의 늪으로 빠져들게 된다.

　5:5 확률을 10:0, 즉 내가 이길 가능성이 높은 쪽으로 최대한 끌어올릴 수 있는 게임이 내 앞에 다가오기 전까지는 내 돈을 아껴야 한다. 그것이 중요하다. 내 손안에 스트레이트 플래시가 들어왔을 때, 내 돈을 걸 수 있는 그때를 위해서 참고 인내해야만 한다. 게임은 확률이다. 그리고 그 순간까지 게임에 섣불리 참여해서는 안 된다. 절대 자신을 속이지 말아야 한다.

　작년 한 해 동안 내가 겪은 과정과 결과는 나 스스로를 합리화시키고 속인 결과이다. 남들에게 뭔가를 보여주어야 한다는 조급한 마음이 지난 모든 결정 과정에서 나의 맑은 눈을 잃게 하였다. 그리고 막연한 기대감으로 스스로를 합리화시켰다. 막연한 기대는 로또와 다를 바 없음을, 그것은 사업이 아니라 도박임을 사업계획단계에서 꼭 명심해야 한다.

　2. 소비자에게 속지 말라
　조 사장님 말씀 중에 유독 이 대목이 귓가에 한동안 남았다.

"재오 씨, 고객들한테 속은 거예요."

나는 대학 때 배운 설문기법을 동원해가면서 설문을 했고, 또 주변 동생들로부터 여러 가지 긍정적인 반응도 얻어냈고, 때론 그들로부터 학원을 등록하겠다는 약속을 받아내기도 했으나 결과적으로는 모든 것이 계획대로 이루어지지 않았다.

소비자는 매우 영악하고 영리한 여우같다. 하지만 때로는 자신 스스로 무엇을 원하고 무엇을 어떻게 구매하고 있는지 판단하지 못하는 바보 같기도 하다. 나 역시 소비자의 입장에선 그러하다. 잘 생각해보라. 자신도 그러한지.

그런 소비자에게 신규 사업아이템에 대한 질문을 하고 그 답변을 맹신하여 사업을 추진하는 것만큼 어리석은 일은 없다. 설문에서 그들은 학원을 선택하는 가장 중요한 변수로 클래스 내 학생 국적 비율, 학생 수, 프로그램, 선생님 등의 다양한 변수들을 열거했고 중요성을 높이 평가했으나, 그들이 실제 구매활동을 할 때 그것들은 중요한 변수가 되지 못했다. 중요한 변수가 아니었다기보다는 그런 변수를 총괄하는 상위 변수가 있었던 것이다.

바로 에이전트. 그들이 평가했던 학원 선정의 중요 변수들은 결국 에이전트에 있었고, 에이전트 말 한마디에 소비자는 움직였다. 하지만 소비자는 그런 사실을 자각하지 못했다. 어쩌면 그런 사실을 자각했더라도, 인정하고 싶지 않았는지 모르겠다. 소비자들의 입에서 나온 결과물은 그들의 구매행위와 동일하지 않았다.

202

3. 최종 결정권에 대한 힘을 나누지 말라

사실 엄격히 이야기하면 나는 동업은 아니었다. 내가 내 마음대로 할 수 있는 위치였으나 그렇게 할 수 없었다. 카할과의 갈등은 상상을 뛰어넘는 수준이었다. 회사 전체를 나 스스로 포기하게 한 중요한 이유이기도 했다. 하물며 동업을 했을 때 그 내부 갈등은 어떡하겠는가?

어떠한 일이든 그것이 잘되려면 우선 내부의 힘이 하나로 뭉쳐져야 한다. 내부 조직원 간에 갈등이 있다면 외부적인 문제도 잘될 수가 없다.

그렇다고 갈등을 없애라는 이야기는 아니다. 서로 견제하고 경쟁하면서 더 좋은 방향으로 발전해가는 것은 중요하다. 우리 사회도 경쟁의 틀 속에서 발전해왔다.

하지만 회사 내에서 최종 의사결정권자는 힘이 있어야 한다. 수많은 갈등 속에서 결국에는 누군가가 의견을 하나로 결정해야만 하고, 조직원은 이를 받아들여야 한다. 그리고 무엇이든 결정된 후에는 철저하게 그 의견을 존중하고 따라야 한다. 그 역할은 1인으로 충분하다. 그 힘이 나뉘면 조직은 결코 오래갈 수 없다.

4. 세상에 공짜는 없다

나는 초기 투자비용을 줄이고자 카할에게 지분을 주고 수익창출 이전까지 무료로 일할 것을 제의했다. 계약 후에 나는 그것이 훌륭한 결과물이라고 생각했다. 하지만 시간이 지날수록 그 계약은 내

발목을 잡았다. 내가 받는 것에 대해 급여로 지급을 하지 않았을 때, 그에 대한 대가는 반드시 어떤 식으로든 지급해야 한다. 초기에 학원 설립을 목표로 내던졌던 선심성 약속들이 차후에 내게 큰 날이 되어 돌아왔다. 세상에 공짜는 없다.

5. 고객을 진심으로 대하라

소비자를 감동시키는 것만큼 소비자에게 호소하는 방법은 없다. 소비자는 소비자이기 이전에 사람이다. 사람에게 감동만큼 좋은 마케팅 방법은 없다. 그렇다고 좋지도 않은 상품을 감동시켜 팔라는 이야기는 결코 아니다. 그건 사기다.

소비자를 감동시키려면 소비자와 진정으로 소통하는 자세와 정신이 필요하다. 반드시 내 물건을 팔겠다는 사고가 아니라, 소비자가 원하는 것을 찾고자, 또는 만들고자 노력하겠다는 자세가 필요하다. 그렇게 하면 당장 오늘 내 제품을 소비자에게 팔지 못하더라도 언젠가는 나의 고객으로 돌아온다.

6. 최악의 상황에 대비하라

초반에 투자자금의 80% 이상을 소비한 나로서는 정작 오픈 후에 버틸 힘이 전혀 없었다. 초반에 투자금을 크게 쓴 이유는 이후의 결과를 매우 낙관적으로 예견했기 때문이다. 오픈 후에 필요한 자금은 학생 등록 후 발생할 매출로 해결하면 된다고 생각하며 일을 진행한 것이었다.

하지만 상황은 내 시나리오와는 전혀 무관하게 움직였다. 이런 상황에 미리 대비했더라면 규모를 더욱 줄여서 시작했거나 혹은 학원 사업을 대체할 수 있는 어떠한 형태의 사업체로, 또는 어쩌면 학원 산업으로 곧장 뛰어들지 않았을지도 모르겠다.

사업을 하는 데 앞서 반드시 최악의 상황은 대비하고 시작해야 한다. 그리고 자신이 투자할 수 있는 자본금 중 초기 투자자금은 50% 이하로 줄여야 하고, 반드시 최소 6개월은 고객 없이도 운영될 수 있도록 자금을 비축해놓아야 한다.

7. 사업 시작 전에는 반드시 그 업계에서 일을 해보라

겉에서 보는 숲과 안에서 보는 숲은 매우 달랐다. 이렇게 저렇게 사전 조사를 하고 많이 아는 것 같지만 사실은 모르는 것이 많을 수밖에 없고, 중요하고 위험한 사실일수록 밖에서는 보기 힘들다. 무턱대고 들어가서는 백전백패다. 그 일을 가장 잘 알 수 있는 방법은 그 업계에서 일을 해보는 것이다.

포지션은 중요치 않다. 어떤 일이든 그 산업에서 직접 일을 하고 있을 때 진정으로 그 산업을 이해할 수 있다. 그렇게 이해한 후에도 자신이 있다면 그때 시작해도 결코 늦지 않다. 나 역시도 샘플강의를 듣고 설문조사에 심층면접까지, 밖에서 철저하게 조사했다고 했지만, 막상 사업을 벌여놓고 사실을 하나 하나 알아가면서 경악하고 또 경악했다. 진실을 사전에 몰랐다는 반증이기도 했다.

그러므로 직접적인 경험이 절대적으로 필요하다. 일해보고 현실을 파악하고 나서도 가능성이 있다고 판단될 때, 그때 시작해도 결코 늦지 않다.

8. 고객과 가까운 곳에서 시작하라

보통 경영학에선 산업의 '수직통합'이란 단어를 쓴다. 옷을 예로 들면 의류 시장 내에는 제일모직과 같은 의류생산업체(브랜드업체)가 있고, 그 생산업체에 납품하는 납품업체(단추 공장, 지퍼 공장)가 있고, 옷을 다 만들고 나면 팔 수 있는 백화점이 있고, 의류를 홍보하는 홍보업체, 광고업체, 유통을 담당하는 물류업체 등 수많은 플레이어들이 있다. 이때 가장 중요한 두 플레이어인 생산자와 판매자(공급자), 즉 만들고 팔 수 있는 업체를 동시에 가지고 있지 않으면 매우 힘들다.

그러나 사업을 처음 시작하는 사람일 경우 자금의 한계도 있고, 경험의 한계도 있어 그렇게 하기가 매우 힘들다. 이럴 경우 우선 판매 쪽부터 접근해야 한다. 판매하면서 고객을 확보한 후에 브랜드를 생산하고 전후 방위를 통합해도 결코 늦지 않다.

나의 경우도 결국에는 판매 활로를 찾지 못한 것이 실패의 주요 원인이었다. 소비자를 만족시키기 위해 나온 브랜드는 셀 수 없이 많고, 모두가 좋은 제품이라 외친다. 물론 제품의 품질에 차이는 있지만, 소비자의 선택이 반드시 품질에 비례하는 것은 아니다. 제품과 소비자의 선택 사이에는 또다른 변수가 있는 것이다. 그러므로 소비자의 말이 항상 옳다고 할 수 없으며, 또 소비자의 말을 모두 믿을 수도 없다.

　그래서 결국 대형 유통업체가 생겨나고 그들이 공룡이란 이름으로 성장해가고 있지 않은가. 유통의 힘은 앞으로도 더욱 강해질 것이다. 물론 그들 간에도 경쟁이 치열해지겠지만 말이다.

　내 경우에도 고객을 움켜쥐고 있었던 유학원이 나와 고객 간의 소통을 막고 있었다. 내가 꼭 유학원은 아니더라도 그와 유사한 어떤 방법으로 우선 고객과 직접 맞닿는 곳에서 사업을 시작했다면, 그리고 점차 학원 사업으로 확대했다면 이야기는 달라졌을 수 있다. 사업을 시작한다면 고객과 가까운 곳에서 사업을 시작해야 한다.

9. 결국은 사람이다

　결국은 사람이었다. 모든 것이, 나 혼자 할 수 있는 일은 없다. 더욱이 그것이 사업이라면. 만약 캐나다에서 나를 도울 수 있었던 좋은 친구들이 몇 명 더 있었다면, 곤죽이 정말 잘 맞는 파트너가 더 있었다면 상황은 어떻게 되었을까? 물론 이 역시 가정이지만. 세상에 나 홀로 할 수 있는 일은 없다. 함께할 사람이 필요하고, 또 누구와 함께하는가, 얼마나 함께 마음을 모으고 한 방향으로 나아가는가에 따라 결과는 분명 큰 차이가 날 것이다. 다구치가 카운슬러 한 명으로 학원을 바꿔놓았던 것처럼.

　결국은 사람이다. 모든 것은 사람에게 달려 있고 사람의 마음을 얻을 수 있는 사람만이 성공할 수 있다.

지난날의 꿈이 내게 큰 용기를 주었다

이 책을 다 읽은 사람들이라면 이 젊은 친구의 최근 근황이 분명 궁금할 것이다. 할리우드 영화에 너무나도 익숙해져 있는 사람들에겐 이 책의 결말이 그리 달콤하지 않을 것이다. 온갖 고난 속에서 해피엔딩, 즉 뭔가 화려한 결말을 기대했던 사람들에겐 이 책이 실망스러울 수도 있다.

　그러나,

　그 누군가의 표현처럼 씨앗을 뿌린 장소와 열매가 열리는 장소는 다를 수 있다. 지난 1년간 고통의 씨앗을 뿌렸던 내게도 전혀 다른 장소에서 또 다른 열매가 주어졌다.

　한국으로 돌아온 후 난 내 이야기의 마지막 부분에 쓴 것처럼 사람들의 이야기를 담아 표현할 수 있는, 내가 즐길 수 있는 직업을 찾고 있었다.

아울러 지난 한 해를 내 스스로 정리하고자 했다. 정말 치열하게 고민하고 실행했음에도 그 결과는 좋지 못했다. 그 이유를 명확히 해야만 했다. 아울러 지난 실수를 내 인생에서 다시 반복해서는 안 된다 생각했다. 그런 이유에서 지난 1년을 글로 정리했다. 그러니 철저히 나를 위한 글이었다.

그런데 내 글을 본 주변 선후배들의 반응이 꽤나 좋았다. 그리고 내게 출판사에 원고를 한번 보내보는 게 어떻겠냐고 권유했다. 실행력이 강한 난! 물론 이를 실천에 옮겼고 운이 좋게도 출판사 두 곳에서 연락이 왔다. 그리고 첫 만남에서 느낌이 참이나 좋았던 다산북스와 출판계약을 맺었다.

내가 앞으로 할 일—내가 진정으로 즐길 수 있는 일—을 찾는 와중에 출판사 사장님께서 다소 엉뚱한 제의를 하셨다. 출판 경력도 전혀 없고, 캐나다에서 큰 짐을 안고 돌아온 내게 능력에 과분할 정도로 좋은 조건의 일을 제의하셨다.

실은 내게 출판사란 곳은 직업 대상 군에 존재하지 않았다. 이 글을 읽는 많은 사람들이 가진 고정관념처럼, 나 또한 출판사를 몇 개 되는 않는 책상에 돋보기 안경을 쓴 몇몇 사람들이 박봉에 시달리며 힘들게 일하는 구멍가게 같은 곳으로 생각했기 때문이다. 책을 내는 과정에서 출판사를 오가며 일부 잘못된 생각들에는 변화가 있었지만, 기본적인 사고에는 큰 변화가 없었다.

그런데 처음에는 한 귀로 듣고 한 귀로 흘린 그 제의가 시간이 지날수록 귓가를 맴도는 것이 아닌가. 나는 원점으로 돌아가서 앞으로 가야 할 방향성을 타진해보고, 출판사가 지닌 본질적인 업무 영역을 생각해보았다. 나는 그동안 크게 잘못 생각하고 있었다. "다른 사람의 이야기를 내 관점을 거쳐 세상 사람들에게 전달하고, 그 안에서 가치를 찾겠다. 그렇게 프로가 되겠다"고 다짐했던 내게 출판업은 최고의 직업군 중 하나였다.

그러나 결정을 하기까지는 다소 망설임이 있었다. 한 번도 해보지 않은 일이기도 했고, 또 먹고사는 부분도 걱정이 살짝 되었다. 그런데 아이러니하게도 갈등의 순간에 내가 써놓은 글들이 내게 용기를 주었고, 내 결정을 확고하게 만들어주었다. 용기를 내었다. 책에서 내가 느끼고 말한 것처럼, 진정한 프로가 되리라 다짐했다.

지금 난 다산북스 커뮤니케이션 팀장으로 일하고 있다. 요즘 난 너무나 행복하다. 한 달에 스무 권이 넘는 책을 탐독하며 많은 작가들을 만나서 인터뷰하고 동료들과 함께 책에 대한 이야기를 나누며, 내 친한 친구 녀석의 이야기를 빌리자면 "지식의 최정점, 지식의 바다에서 헤엄치며 지식을 향유하고 있다."

많은 샐러리맨들은 공감하리라. 일요일 저녁 개그콘서트를 보면 절대 즐겁지 않다고. 개그콘서트가 문제가 아니라 개그콘서트는 곧 내일 출근할 날이 다가왔음을 의미하기 때문에. 요즘 난 개그콘서트가 너무 즐겁다. 내일 아침 만날 수많은 새로운 이야깃거리가 기대된다.

누군가 내게 묻는다. 앞으로 얼마나 그 회사를 다닐 것이며, 또 무
슨 일을 할 것이냐고. 재미있는 질문이지만 답할 수 없는 질문이기
도 하다. 물론 이제야 내 몸에 잘 맞는 옷을 걸친 느낌에 한참은 이
옷을 입고 있을 듯싶다. 아울러 이 편한 옷이 사람들에게는 그리 좋
지 않은 옷으로 알려져 있어서 그 잘못된 사실을 좀 올바르게 알려
야겠다는 목표도 세워놓았다. 한동안은 그 목표를 위해서도 열심히
살 것이다. 이 목표가 이뤄질 쯤이 된다면, 글쎄 〈나는 삼성보다 내
인생이 더 좋다〉가 아닌 〈나는 다산북스 보다 내 인생이 더 좋다〉라
는 또 다른 책을 쓰고 있을지도.

 지금도 'Student first'는 밴쿠버에서 잘 운영되고 있습니다.
카할, 그레이엄! 열심히 응원할게!